言いたいことは小5レベルの言葉でまとめる。

電通西日本 コピーライター
手代木聡

サンマーク出版

お願いです。
人助けだと思って
1分だけ、
時間をください。

あなたは、老舗の和菓子店「餡子《あんこ》匠堂《たくみどう》」の経営を引き継ぐことになりました。
お店の看板商品は、大福。

甘すぎず、さっぱりとした後味が評判で、
地域では長年愛されている人気商品です。

しかし、最近近所にできたオシャレなスイーツ屋さんに押されて
売り上げが低迷を続けています。

あなたなら、どんな言葉を使って
その大福をアピールしますか？

回答例

おじいちゃん、おばあちゃんも食べた。
和菓子の餡子匠堂が精魂込めて作った、
甘すぎず、さっぱりとした後味が楽しめる、
渾身の大福です。

いいですね。いや、悪くないですよ。
ちなみに、私だったら……

時代を超えてリピーター続出！
あえて映えないひと時を。
やっぱり、大福は餡子匠堂！

なんていうふうに、アピールします。

いきなり問題なんて出してしまって、失礼しました。

私は、この本の著者であるコピーライターの頭の中に棲みついている猫のメイメイと申します。

猫界イチの天才・言語化猫ですが、「ニャー」しか言えないので人間ならご存じないのも当然ですね。

猫ですから、ご飯を食べて、ゴロゴロして、散歩して、ゴロゴロして、虫とか鳥とか追いかけて、またご飯を食べて、ゴロゴロしてって感じで暮らしてるんです。

まあ、毎日同じことの繰り返しでちょっぴり退屈なんですよ。

だから、〝話の通じる人間〟を見つけたときだけ、にんまりして「言葉のうま〜い使い方」を教えているんです。

「〝話の通じる人間〟ってなんだ？」って……？

そりゃあなた、あれですよ。

「言いたいことがあるのに言葉を思いつかない」
「思いをしっかりと言葉にできない」
「うまく伝えられない」
「的外れなことを口走ってしまう」
「推しの魅力を語りたいのに、すごい！　やばい！　しか出てこない」

こんなふうに本気で悩んでいる人です。

なぜだか、そんな人とは話ができちゃうんですよ。

そんな人たちに、私のご主人のコピーライターがブックサ言ってた「言葉のうま〜い使い方」を教えてるってわけです。

さっき出した問題も、そのうま〜い使い方の中の1つ。

おや、また誰か〝話の通じる人間〟の声が聞こえてきましたね。

ちょっと行ってみましょうか。

はじめに

はじめまして、電通西日本という会社でコピーライターをしています、手代木聡と申します。人間です。

冒頭で猫のメイメイが出した問題、どうでしたか？

実は、この問題では２つの伝え方のテクニックを用いています。

１つは、問題の回答例として出した「やっぱり、大福は餡子匠堂！」の「やっぱり＋名前」です。

これは、ＣＭでも多く使われるテクニックです。

やっぱりイナバ、１００人乗っても、大丈夫（イナバ物置／稲葉製作所）

ココアはやっぱりモリナガ♪（ミルクココア／森永製菓）

やっぱこれだね～♪LOTTEのトッポ（トッポ／ロッテ）

こんなキャッチコピーを目にしたことはありませんか？

「やっぱり＋名前」は、伝えたい「名前」を強調して、「王道感」を演出してくれる手法なのです。

さて、冒頭の問題に使われていた、もう1つのテクニックにも気づきましたか？

答えは、1行目の「お願いです。」でした！

名付けて、**お願い土下座作戦。**

お願いしたいことや伝えたいことがあるときは、変にかしこまったりせずにいきなり土下座するくらいの勢いで「お願いする言葉」から入ってしまうことも有効なのです。

これも、ＣＭなどで使われています。

一生のお願い。

（オーシャンホワイト／三楽）

一生のお願いです。

グルメな卵きよらで作ったお布団を、私にかけてください

（「きよらグルメ仕立て」ＣＭ／アキタフーズ）

このように、いきなりお願いされると思わず警戒心を解いてしまって、つい「なんだろう？」と気になってしまいませんか？

私の職業であるコピーライターは、こういった「人の心に届ける言葉の使い方」を日夜考える仕事です。

私自身、25年以上この仕事をしていますが、いまでも毎日のように言葉を届ける難しさを感じています。

広告業界には、たくさんの天才がいます。

若い頃からたくさん賞を受賞する人、独立して大きな仕事を成し遂げる人、テレビに出たり、本を何冊も書いていたりする人など、上を見ればキリがありません。

一方の僕はといえば、20代は明け方から深夜まで身を粉にして働いていたのに、なかなか日の目を見ることがありませんでした（いまでも正直、日の目は見ていません）。

当時は「ワーク・ライフ・バランス」なんていう言葉もなく、たくさんの仕事をこなす人がカッコいい。深夜まで働いている人がカッコいい。徹夜は当たり前。そんな時代でした。

僕も、ずっと働いていました。

あまりにも仕事が終わらないものですから、仕事終わりに飲みに行ったり、映画を観たり、クラブに行ったりしていた同世代の友人たちがキラキラ輝いて見えました。こちらは、毎晩企画との格闘です。空雑巾から一滴の水を絞り出すように企画を絞り出す。

そんな日々を送っていました。

深夜のファミレスで、もはや何杯目か計測不能なドリンクバーのコーヒーを飲みながら、うんうんと唸り、朝方になってなんとかできたコピー案を持って出社します。上司に提出すると、内容がいまいちすぎて叱られます。プリントアウトしたコピー用紙の束を、そのまま豪快にゴミ箱にダンクシュートされたこともありました。普通なら、「ピピーッ、試合終了！」です。

完全に自分の時間を仕事に捧げて忙しすぎて、いつも空回り。

合コンに一度も行ったことがなかったので、意を決して自分で合コンを主催しました。「自分が主催者なら日程も自由に決められるし、参加できるだろう」と思ったんです。そうしたら、土曜日にもかかわらず急遽仕事が入る始末……。渋谷のハチ公前からほど近い店で乾杯の挨拶だけして、すぐに仕事に戻りました。深夜2時過ぎに下北沢に場所を移していた3次会に合流したら、みんないい感じに酔って出来上がっていて、テンションに全くついていけない。「あれ？　主催したの僕なのに……」なんてこともありました。

そんな中で、20代後半には、大好きだった彼女にも振られてしまいます。
人生大絶望です。

新宿の街で徳永英明の「レイニーブルー」を泣きながら聞いて、2時間くらい彷徨っていました。

「もうすべてを断ち切ろう」と、東京を離れることを決意した30歳の頃、今の会社に転職しました。そのとき、気づいたんです。

「あっ、俺って難しく考えすぎてたんだ」と。

僕の仕事である「コピーライティング」のことをふと思ったんです。

いいキャッチコピーには、難しい言葉は使われていません。

先ほど引用したものもそうですが、

やめられない、とまらない　（かっぱえびせん／カルビー）

そうだ 京都、行こう。　（JR東海）

お、ねだん以上。　（ニトリ）

やっちゃえNISSAN　（日産自動車）

なにも足さない。なにも引かない。
（サントリーピュアモルトウイスキー山崎／サントリー）

はじめてのアコム　（アコム）

など、誰もが知っている名キャッチコピーは、すべて「簡単な言葉の組み合わせ」でできているのです。

誰にでも伝わる言葉を作らないといけない仕事をしている僕自身が、難しい言葉で考えていたら本末転倒です。

ここに気づいたときから、言葉にすること、言葉を伝えることのハードルがどんどん下がっていきました。

かつての僕と同じように、「言いたいことが思いつかない」「思いを言葉にできない」「うまく伝えられない」と思っている人の中には、解決策として「もっと言葉を知ろう」「語彙力をつけよう」と考える方もいます。

でも、それは実は、あまり意味がないのかもしれません。

先ほどご紹介したキャッチコピーを見たらおわかりいただけるように、**小学生でも知っているレベルの言葉だけで、人に届く言葉って作れるんです。**

平均的な学力の10歳の子どもが知っている言葉は、1・2万語ともいわれています。

本書を手に取ってくださっている方の多くは、大人の方だと思いますから、それ以上の言葉をすでに知っています。

つまり、**あなたはすでに言葉の達人なのです。**

さて、そろそろ猫のメイメイと代わりましょう。

メイメイのもとにやってきたのは、アパレルメーカー入社2年目でブランドマネージャーに抜擢されたチエさん。念願のマネージャーになれたのはいいものの、「自分の頭の中を整理して言葉にできない」「せっかく言葉にしたのにうまく伝わらない」――そんな悩みを抱えているようです。

さあ、メイメイ先生とチエさんのレッスンを覗き見してみましょう。

もくじ

1章
伝わる言葉は小5レベル

2章
言語化でモヤモヤをクリアに

3章 スイスイ伝わる言葉の極意

ブックデザイン 萩原弦一郎（256）
企画協力 長倉顕太、原田翔太
イラスト 冨田マリー
DTP アルファヴィル
校正 ペーパーハウス
写真 Aleksandr Grechanyuk/Shutterstock.com
Jade ThaiCatwalk/Shutterstock.com
mayu85/Shutterstock.com
編集 尾澤佑紀（サンマーク出版）

登場人物

チエ

小さい頃からオシャレが大好き。
学生時代よりアパレルショップhanagaraでアルバイトとして働き、接客が評価され、大学卒業時に本社採用になる。入社2年目でブランドマネージャーに大抜擢された。
ただ、最近は社内外の人とのコミュニケーションで「うまく言葉にできない」「思ったように伝わらない」と悩んでばかり……。

メイメイ

猫界イチの天才・言語化猫。
「うまく言葉にできない」と悩んでいる人を見つけると、呼ばれてもいないのに近づいてアドバイスのようなちょっかいを出す。本書の著者の頭に棲みついている。

1

伝わる言葉は小5レベル

多くの言葉で少しを語るのではなく、
少しの言葉で多くを語りなさい。

ピタゴラス（哲学者）

「伝わらない」はなぜ起こる？

「えっ、なんでこうなる!?」


チエはスマホを二度見した。

チエのスマホに映し出されているのは、昨日デザイナーに発注したポスターのデザイン案。「かわいいポスターにして」とお願いしたはずなのに、送られてきたデザイン案はどこからどう見てもかわいくない……。

むしろ、これは「クールなポスター」では……？

私の日本語、そんなにおかしい？　もしかしてこれって、いやがらせ？

こんなの上司に見せるわけにいかない……。でも、ポスターは完成させないといけない……。チエは一度気持ちを落ち着かせるために、会社近くの公園に向かった。
すると、公園で一人お弁当を食べ終わったチエめがけて、見知らぬ猫がスタスタと近づいてきた。

メイメイ はじめまして、チエさん。私は言語化猫のメイメイです。
あなたの頭の中は、そうですね……。まるでゴミ屋敷ですね！

チエ ちょっとちょっと！　人をゴミ屋敷呼ばわりするなんて、失礼すぎない!?
ん？　っていうか私、いま誰と話してるの？　まさかこの猫じゃないよね……？

メイメイ あなたが話してるのは、猫で合ってますよ。まあ、安心してください。
私と会話できる人は、そこそこレアですから。
おめでとうございます。よかったですね。
ちなみにステーキなら、ミディアム〝レア〟でいただきます。

チエ おめでとうございますって、全然嬉しくないんだけど……。
それより私、会社に戻らないといけないから、じゃあね。

メイメイ まあまあ、会社に戻ったときの仕事のヒントになりますから、ちょっと話していきましょうよ。

チエ チエさんのように、こうも頭の中がゴチャゴチャになってる人も珍しい。そんな頭のままじゃ、一生かけても「かわいいポスター」なんて作れませんよ。

メイメイ なんで私が「かわいいポスター」をお願いしたこと知ってるの？ まあ、なんか言い当てられちゃったし、少しは付き合ってあげてもいいか……。それじゃあ、どうして「かわいくしてくれ」ってお願いしたポスターが全然かわいくない仕上がりになってるのか教えてよ！

チエ そうですね、前提としてデザイナーさんは悪くありませんよ。ベテランで腕は確かですし、いつでも手を抜かず、たくさんの実績もあります。それでいて、物腰柔らかな信頼できる方です。

メイメイ なんで猫がそんなこと知ってるのよ？

チエ まあまあ、その辺はそのうちわかりますから。それで、**まずチエさんに思い描いてほしいのが、「コンビニの棚」なんです。**

メイメイ コンビニの棚？

チエ そう、食べ物や日用品、雑誌みたいにコンビニにはたくさんの棚がありますよね。

チエ　棚がなんだっていうの？

メイメイ　例えば、チエさんがピザまんを買いにコンビニに行ったとします。そんなときに、ピザまんがレジ横のホットスナックの棚じゃなくて、化粧品の棚にあったとしたら、どう思いますか？

チエ　えっ、むき出しのピザまんが置いてあるってこと？

それは……嫌な気持ちになるね……。

メイメイ　そうでしょう。コンビニはお客さんが欲しい商品を見つけやすいように、しっかりと棚ごとに整理して商品を陳列していますよね。

チエさんの頭の中は、ピザまんが化粧品の棚にあるみたいに、言葉がバラバラな場所にあるんですよね。

チエ　言葉が……バラバラ？

メイメイ　だから、相手に伝えたいことがうまく伝わらない。

というか、**そもそも伝える前の段階で失敗しているんです。**

チエ　はぁ……じゃあ、どうしたらいいの？

なんで猫に説教されなきゃいけないのか納得いかないけど、まさに「猫の手も借りたい」状況だし、昼休みの間だけでも話聞いてあげる。

メイメイ
では、チエさんがデザイナーさんに依頼したメールを見せてください。

チエ
昨日送ったメールね。ちょっと待っててね……。
あった！　これだ。

お世話になっております。hanagaraブランドの田中チエです。
来月から展開するSSの商品の店頭ポスターが至急必要です。
春らしくできるだけかわいい感じで、値段はアピールポイントなので大きく入れて、商品の特徴をしっかり見せる方向で、急ぎで制作をお願いします。

メイメイ
なるほど、これがデザイナーさんに送った文章ですね。
「SS」だから、春と夏（Spring＆Summer）の商品のかわいいポスターを急ぎでお願いしたんですね。

チエ　ほら、完璧じゃない！　猫だってわかるんだから！

メイメイ　うーん、この文章、チエさんのお願いしたいことが整理されないまま書かれてしまっていますね。これがまさに、「商品の配置がぐちゃぐちゃになっているコンビニの棚」の状態です。

話が複雑になって相手にうまく伝わっていないわけです。

今回の依頼の一番のポイントは、「かわいい」ですね。これは誰が思う「かわいい」ですか？

チエ　そんなの、私に決まっているじゃない。

メイメイ　確かデザイナーさんは、40代でチエさんより20歳以上も年齢が上の男性の方でしたよね。

チエさんの思う「かわいい」とデザイナーさんの思う「かわいい」ってたぶん、いや絶対違うと思いますよ。

チエ　相手がおじさんだから、私が思う「かわいい」が伝わらなかったってこと？

メイメイ　いえいえ、そういうわけではありません。

例えば、チエさんのお母さんやおばあさんでも「かわいい」と思うものは違うはずですし、チエさんのお友達でも完全には一致しないはずですよ。それにチエさん自身も、時と場合によって「かわいい」が変わっているはずです。

チエ　私の思う「かわいい」は、変わらないと思うけど……？

メイメイ　ちょっとスマホの画像フォルダを見せていただけますか？　最近、「かわいい」と思ったものを写真に撮っていたりしませんか？

チエ　画像フォルダね……、あっ！　確かにいろんな写真を撮ったり、画像を保存したりしてるけど、種類が違う「かわいい」かも！　実家で飼ってる犬もかわいいし、旅行中に見つけたレトロな喫茶店もかわいいし、有名なイラストレーターさんが描いたイラストもかわいい……。

メイメイ　先ほどのコンビニの棚でたとえてみると、こうなります。チエさんの頭の中には「かわいいの棚」があります。そこには、いろんな種類のかわいいが詰まっています。理想の「かわいいの棚」です。そこから、**「今回のポスターに適したかわいい」を取り出してこないといけないんです。**

チエ　だから、こんなクールな感じのデザインになっちゃったんだ！

メイメイ　デザイナーさんのせいかと思っていたけど、これじゃ私のせいだ……。まあ、そんなに落ち込まないでください。

もちろん、察しのいい人なら「チエさんが思うかわいいって、こういうことだろうな」と汲み取ってくれるかもしれませんね。

もしくは、「チエさんがイメージしてるかわいいって、こういうことですか？」といくつか質問をくれて正解を見つけ出す人もいます。どちらにしても、さっきのメールだけだと、いささか難しいですね……。

チエ　うーん、じゃあどうしたら「かわいいの棚」から、「私が思うポスターにふさわしいかわいい」を言葉にして取り出せたのかな？

メイメイ　まあ、そう先を急がないでください。言葉にする方法は、この後教えますから。

慣れないうちは、「今回表現してほしい『かわいい』とは、Aというブランドが数年前に作っていたポスターのようなイメージです」とか、「『かわいい』のイメージは添付のような感じです」といって相手と共有するイメージを言葉やビジュアルで提示するとよいでしょう。

それとさっきのメールにはもう1つ、気になるところがありますね。

チエ　えー、まだあるのー？

メイメイ　最後の一文です。「急ぎで制作をお願いします。」ってありますけど、この「急ぎ」っていうのが、「いつまで」のことを指しているのかわかりませんね。

チエ　これはこっちの優しさだよ。本当は昨日のうちにデザインを上げてほしかったけど、さすがにそれは急かしすぎて難しいかと。今日中にもらえたらなんとかなるけど……。

メイメイ　だとしたら、

締切ですが、少し急いでいるため
明日17時までにお願いすることは可能でしょうか？

といったようにこちらの希望を伝えつつ、相手のスケジュールに配慮する言い方をするのはどうでしょう？

チエ　もしかして、「急ぎの棚」もあるってこと？

メイメイ　その通り！

チエさんの「急ぎの棚」には「明日まで」が入っていたかもしれません。でも、他の人にとっては「今週いっぱい」かもしれませんし、とんでもなく忙しい人にとっては「今月中」「今年中」なんてこともありえますよね。

相手の頭の中にある「言葉の棚」を思い浮かべて、言葉を整理して配置していきましょう。

チエ
「言葉の棚」の整理か……。

メイメイ
今回は、①チエさんは何を求めていたのか、②期限はいつまでなのかという2つを整理して、適切な言葉の棚に収める必要がありました。でも、この要素は毎回変わります。

チエ
そうだよね。私だっていつもポスターの発注だけしてるわけじゃないし……。

メイメイ
コンビニの棚も食品の棚なら、さらに細かくスイーツの棚やお弁当の棚といった具合に分けられていますよね。この場合は、商品の分類ごとに分かれています。

それと同じで、頭の中の棚にも整える基準があります。

その基準は、**「相手が求めているもの」**です。

これがわかっていると棚の配置が決まりやすくなります。棚がぐちゃぐちゃだと、相手に渡すべきものも見つけづらいし、間違ったものを渡してしまうこともあるんですね。

POINT

頭の中にある「言葉の棚」を整理してから、相手に伝えよう。

小学生レベルの言葉だけで、伝わる言い方は習得できる

メイメイ　チエさん、さっきみたいに自分が伝えたいことが相手に思った通りに伝わっていないときって、普段はどうしてるんですか？

チエ　うーん、仕方ないからもう一回説明し直すかな。
ちょっと急いでるから、デザイナーさんに一回電話しちゃおう！
「あ、もしもし、お世話になります。hanagaraブランドの田中チエです。デザイン案ありがとうございました。あの、修正があるんですが、お伝えしますね……」

メイメイ　チエさん、いま電話でデザイナーさんとどれくらいの時間しゃべっていました？

チエ ……5分くらいじゃない？

メイメイ いえ、20分を超えてましたよ。

チエ うっそ！　本当にそんなに経ってた？　いつも忙しそうな人だから、なんだか悪いことしちゃったな……。

メイメイ 「タイム・イズ・マネー」という言葉は知っていますよね。日本語でいえば「時は金なり」ってやつです。お金と同じように、時間は貴重なものだと教えてくれる格言です。

チエ それくらい私だって知ってるけど、私が長電話しちゃうのはそんな言葉を知ってるだけじゃ変わらないんじゃないかなぁ。

メイメイ そうですよね。いつもタイム・イズ・マネーを意識するのは大変です。そこで少し考え方を変えてみましょう。**コトバ・イズ・マネーです。**

チエ コトバ・イズ・マネー？　コトバって「言葉」のことだよね？

メイメイ そうです、「言葉は金なり」と覚えてもいいでしょう。頭の中にあるものを適切な言葉にできること、その言葉をしっかりと相手に伝えられること。

言葉と上手に付き合えることは、お金と同じように貴重な価値があるのです。

チエ　つまり、わかりやすいというのは、それだけで価値なんですね。

メイメイ　でも、昨日友達のサキちゃんと3時間LINE通話してたときは、取り留めもないことをダラダラ二人で話してたけど、お互い楽しかったよ？

チエ　それは、気の置けないお友達とのプライベートの時間だったからでしょう。

メイメイ　ところでチエさん、今朝の通勤電車では何をしてましたか？

チエ　えっと……、スマホでYouTubeを見てたかな。最近ショート動画をよく見るんだけど、次から次へと動画が出てきて止め時がわからないんだよね。

あとは、仕事で発注するポスターの参考になるようなデザインがないか、電車内の広告も見てたかな。

メイメイ　そのYouTubeショートも、「言葉」でできていますよ。もちろん、広告もですよね。

チエ　ん？　言葉でできているって……？

メイメイ　動画や広告はビジュアルのイメージが強いメディアですが、分解していくと**「何を」「どんなふうに伝えたいか」を「言葉」で考えた人が根本を作っている**ものなんです。

ある YouTuber が最近買った商品の魅力の紹介を動画にしたとします。その動画は、ある日突然勝手にできるわけではなく、その YouTuber が商品のどこがいいのか、どんな言い方をすれば視聴者に商品の魅力が伝わるかを言葉で考えて、動画を作っているんです。

チエ 確かに、動画も広告も言葉があるからこそ、生まれる表現なのかも……。

メイメイ 街を歩けば看板広告。電車に乗れば中吊り広告。スマホで YouTube を見ても、最初の何秒かは広告……。現代は**「情報爆発の時代」**なんていわれ方もします。

チエ 特に、広告の洪水が凄まじいんです。Xとか、Instagram を見ていても最近は広告が表示されているよね。そう考えてみると、私の身の回りって広告ばっかりなのかも！

メイメイ 情報爆発の時代には、あらゆる情報の送り手があの手この手で言葉を伝えようとしてきます。
YouTube にショートが登場したり、TikTok が人気になったりしているのも、「短い動画で素早く言葉を届けたい」という送り手の思惑が現れています。
チエさんが見ていた YouTube ショートもそうですけど、TikTok も興味がないとすぐにスワイプして飛ばすから、複雑なものはどんどんスルーされてしまいますよね。

チエ
最近の動画って長くても1分くらいだし、1分ですら長いって感じることもあるんだよね。長い動画なんて、だいたい倍速で見ることの方が多いし……。

メイメイ
生まれた頃からインターネットが身近にあるチエさんたちZ世代は、費やした時間に対して得られる効果、**タイパ**（タイムパフォーマンス）を強く意識しがちですよね。タイパという言葉は最近の流行語ですが、実は大昔から同じことを言っていた人がいたんです。

古代ギリシャの哲学者ピタゴラスは、

多くの言葉で少しを語るのではなく、
少しの言葉で多くを語りなさい。

と説いていました。

チエ
「少しの言葉で多くを語りなさい」か。それってめっちゃタイパいいじゃん！

メイメイ　何かを伝えるとき、言葉を多く使うと、たくさんのことが伝わるかのような錯覚を起こしがちです。

チエ　確かにね。学生時代に先生にずーっとお説教されても、あんまり頭に入ってこなかったもんな。

メイメイ　「たくさん話したら、たくさん伝わる」。ついそう思ってしまいがちだけど、これはむしろ逆。

シンプルな言葉で、本質を短く伝える方が、相手の心の奥深くまで届くんです。

短い言葉で伝える技術は、**現代社会を生き抜くすべての人にとって、不可欠な能力**といえますね。

人が持っている時間は1日24時間。持っている時間の量と自由な時間が、人によっては、どんどん釣り合わなくなっているんです。

だからこそ、コトバ・イズ・マネーです。わかりやすさを追求して、しっかりと言葉を届けられるピタゴラスのような人になってほしいんです。

チエ　それなら、そんな大変な時代にコトバ・イズ・マネーを意識するにはどうしたらいいの？　私、語彙力ないし、今さら勉強するのも嫌なんだけど……。

メイメイ チエさん、そこです！　そこが誤解なんです！
チエさんはいま、「語彙力ない」って言いました。確かにチエさんの頭の中の語彙は少ない方です。

チエ またこの猫は失礼な……。まあ図星ですけど……。

メイメイ けなしているわけじゃありませんよ。
コトバ・イズ・マネーを実践するための語彙力は、チエさんに、いや誰にでも十分に備わっていると言いたかったんです。頭の中の伝えたいことをまとめて届けるのに、難しい言葉なんて必要ありません。**小学生レベルの言葉で十分**なんです。

チエ 小学生レベルの言葉？

メイメイ たくさんの情報で溢れた現代だったら、なおさら小学生レベルの言葉を上手に使いこなすことが大事です。
小学生レベルの言葉には、

①早く伝わる

②簡単だから、間違いなく伝わる
③誰でも使える

こんなにいいところがあるんですよ。

チエ つまり、シンプルで、わかりやすくて、どんな人でも使いこなせるってこと？

メイメイ そうです。だんだんわかってきてくれていますね！

チエ しかも、シンプルだから「頭の中の棚」もとっても整理しやすくなります。チエさんが発注したい「かわいいポスター」のヒントもここにありますよ。

メイメイ でも、小学生レベルの言葉っていったってなんでもいいわけじゃないよね？

チエ その通り！

メイメイ ここからは、小学生レベルの言葉の使い方と基本的な考え方を見てみましょう。

POINT

言葉で溢れた現代だからこそ、簡単な言葉が力を発揮する。

響くのは相手のことを考えた小5レベルの言葉

メイメイ さっきチエさんは、「小学生レベルの言葉っていったってなんでもいいわけじゃないよね?」と言いましたね。その通りです!

「なんでもひらがなにしましょう」とか、「簡単な言葉に置き換えたらいいですよ」とかそういう話じゃないんです。

チエ うんうん、まだ短い付き合いだけど、メイメイがそんなに簡単すぎる話をしてこないことはなんとなくわかってたよ。

メイメイ ところでチエさんは、「この人、話が上手だな」と感じる人はいますか?

チエ そうだなぁ……あっ、最近美顔器を買ったのね。そのときに薦めてくれた店員さんはすごかったな。私が欲しいと思っていたものを言い当てたり、最初に買おうと思っていたものよりも、私の肌質に合わせて「こっちの方がいいですよ」って知らなかった商品を薦めてくれたりして、全然押し売りされてる感覚がなかった！

メイメイ それはすごくいい体験をしましたね。

凄腕のセールスパーソンと呼ばれるような人もそういう感じですよね。

チエ そうそう！　こっちが思っていることだったり、その次に考えることだったりをポンポン言ってこられると、「うわっ、この人すごい！」って思っちゃう。

メイメイ でも、そういうビジネスの場面だけじゃないんですよ。

例えば、髪を切った次の日に、「その髪型素敵ですね」なんて言われたりすると嬉しいじゃないですか。**それはチエさんが人から言ってほしいことを言ってもらえたから、嬉しいと感じる**んですよね。

チエ それって、なんだかプレゼントに近いよね。

メイメイ チエさん、いいこと言いますね。

言葉って、その場ですぐに渡せるプレゼントのようなものなんです。でも、プレゼントですから、あげればなんでもいいってわけじゃないですよ！

チエ そっか、相手のためを思っていても、嬉しくない言葉だってあるよね。

私の叔母さんも誕生日を迎えたときに「アラフィフおめでとう！」って言われて、「素直に誕生日が喜べなくなってきたんだよね」って言いながら表情が曇ってたっけ……。そうしたら、「もらって嬉しい言葉」ってどんなものなのかな？

メイメイ それは、**「その人に関係していることで嬉しいか」**ですよね。

例えば私は猫ですから、ドッグフードをもらっても嬉しくないですけど、キャットフードだったら嬉しいし、ちゅ～るなんかも嬉しいですね（じ～っ）。

チエ 何その目……、わかったわかった、あとでちゅ～るあげるから。

メイメイ ……約束ですよ？　ちゃんと猫のＣＩＡＯちゅ～るですよ。犬用のＷａｎちゅ～るじゃなくて。

チエ はいはい。

メイメイ 気を取り直して……。

「嬉しい言葉のプレゼント」は、実は日常でもたくさん見つかりますよ。

「あっ、この言葉は自分に言われている！」って感じる言葉です。別の言い方をすると「あー、それあるある」ってハッと膝を打つような言葉や、ありありと情景を想像できる言葉なんかも当てはまります。

チエ 例えば、書店に貼ってある万引き防止ポスターで「STOP！ 万引き」と書いてあったとします。チエさんがもしも万引きを企んでいるとしたら、どう思いますか？

メイメイ そんなこと絶対企まないけど、「STOP！ 万引き」なら気にしないで万引きしちゃう人もいるかも……。

チエ そうですよね。それなら、もうちょっとインパクトがある強い言葉だとどうでしょう。

万引きは、すべて警察へ通報します。

メイメイ 「STOP！ 万引き」よりドキッとするかも。お店のバックヤードで警察官に囲まれているような様子がちょっとイメージできるからかな。

チエ それでは、私が万引き防止ポスターの中で一番優れていると思う、コピーライターの中尾孝年さんが作られた書店の万引き防止のポスターの言葉を見てみましょう。

「求ム！一撃必殺」
内容：店番をしながら万引き犯をこらしめる楽しいお仕事です。
資格：正拳突き、ハイキック、背負い投げ、タックルなど技は問いません。
備考：一撃必殺の方優遇します。
※破壊力に応じて、時給up！
※交通費・プロテイン費支給

（大洋書店 万引き防止ポスター）

チェ
おぉ……これなら思わず「この店で仮に万引きをして見つかったら、とんでもなく懲らしめられそうだ」なんて気持ちになりそう。

メイメイ
万引き犯もおじけづきそうですよね。こういうギョッとするような言葉以外にも、まさにプレゼントのような嬉しい言葉はありますよ。

年間売上10億円突破
ナッツを愛しすぎた担当者が
独断と偏見で決めた
アーモンド・カシューナッツ・くるみの
黄金の究極比率
食塩・油を使わないこだわり

（素煎りミックスナッツDX／ドン・キホーテ）

これは、ドン・キホーテのオリジナル商品ブランド「情熱価格」の商品パッケージに書かれた言葉です。

商品への担当者のあくなき追求が語られていて、ミックスナッツ好きだったら「そこまでこだわった商品なら、一回買ってみようか」なんて思っちゃいますよね。

愛とか、勇気とか、
見えないものも乗せている。

（ＪＲ九州）

チエ こちらは、地方から上京した経験のある人にはグッとくるキャッチコピーですね。こんなふうに言われたら、「そうか、列車はただの移動手段じゃなくて、人の思いも運んでいるんだな」と移動の列車に特別な親近感を覚えるようになりませんか。

チエ ところでチエさん、最初にした「コンビニの棚」の話は覚えていますか？言葉の棚の整理の話だよね。相手が受け取りやすいように、言葉を置くべき棚に置いておくって話だったよね。

メイメイ そうですね。じゃあ、「棚に置く言葉」はどんな言葉がいいでしょう？

チエ コンビニと同じで、目新しい新商品みたいな斬新な言葉じゃないと、目に留まらないんじゃないの？

メイメイ 確かに新商品は魅力的ですよね。それを目当てにわざわざコンビニに立ち寄る人もいるくらいです。**でも、必ずしも新商品＝斬新な言葉が求められるわけではないんです。**

さっき紹介した万引き防止の貼り紙もドン・キホーテの商品パッケージもJR九州のキャッチコピーも、斬新な言葉ってありましたか？

チエ　そういえば、なかったかも！

メイメイ　それこそ、小学生でも使える言葉しかないよね……。

コンビニの棚って、新商品ばかりが並んでいるわけじゃないんですよね。次にコンビニに行くときに、意識して棚をよーく見てください。定番商品の多さに気づくはずです。

カップ麺の棚には必ずといっていいほど、日清のカップヌードルがありますし、アイスの棚にはハーゲンダッツのバニラ味があります。お菓子の棚なら、明治のチョコレートやカルビーのポテトチップスがすぐに目につくはずです。

これは語彙力でも同じことがいえるんです。

名作といわれるキャッチコピーや企業からのメッセージなんて、実は小5レベルくらいの言葉で構成されているんですよ。例えば、こんな感じです。

なにも足さない。なにも引かない。
（サントリーピュアモルトウイスキー山崎／サントリー）

おしりだって、洗ってほしい。
（ウォシュレット／TOTO）

愛は食卓にある。
（キユーピー）

あした、なに着て生きていく？
（アースミュージックアンドエコロジー）

チエ ほらっ、どれも小学生でも理解できる言葉でしょう。

メイメイ ほんとだ！　難しい言葉も奇抜な表現もないわね！

難しい言葉は、もっともらしく言うときや権威付けをしたいときには有効ですけど、意外とそういう場面って普段の仕事ではなかなかないですよね？

らいです。

むしろ、難しい言葉がコミュニケーションをややこしくしていることもあるく

チエ それってもしかして、カタカナ言葉ばかりの専門用語を使う人も同じこと？

メイメイ そうですね、「オミットされた企画の再プレに向けた、次回のＭＴＧのアジェンダですが、外部ＣＤのアサインについてです」なんて言われても、仲間内では通用するかもしれませんが、そうじゃない人にとってはチンプンカンプン。「嬉しい言葉のプレゼント」にはなりませんよね。
チエさん、軽く練習してみましょうか。「オミットされた企画の再プレに向けた、次回のＭＴＧのアジェンダですが、外部ＣＤのアサインについてです」を小学生でも使える言葉で言い換えると……？

チエ 「オミット」ってなんだろ？　「おー、みっともない」みたいな？

メイメイ 「省く」や「却下する」といった意味でしょう。

チエ アジェンダは、「議題」だったよね。ＣＤって何？　音楽のあれじゃないよね。

メイメイ ＣＤは略称で、正式名称は「クリエイティブディレクター」といいます。
広告や映像制作の現場で、制作全体の指揮を執る、スポーツチームでいうとこ

ろの監督みたいな立場の人ですね。

チエ そうなのね。だったら、「却下された企画を再提案するにあたり、次回の会議の議題としては、外部のクリエイティブディレクターを誰にするかです」ってこと？

メイメイ そうです！　そう言った方が誰にでもすぐに間違いなく伝わりますよね！

POINT

斬新な言葉より、相手のことを思った言葉を使おう。

「音」を使いこなすと、言葉は強くなるのだ

チエ

ボキャブラリーは小学生のレベルでいいことはわかったけど、どうやったらうまく使えるのかな？　私、「おいしい」も「楽しい」も「かっこいい」も全部、「やばい」で済ませているかも……。

メイメイ

気持ちはわかりますよ。「やばい」「すごい」は便利な言葉ですからね。最近だと「エモい」なんて言葉も浸透してきていますよね。

でも、そういう便利な言葉を使い回すのではなくて、**ほんの少し言葉の使い方を変えるだけでも十分伝わる言葉は作れるんです。**

チエさんが好きな人に「あなたが大好き」という言葉を伝えたいとしましょう。普通に伝えるだけだと、気持ちが１００％伝わらないかもしれませんよね。気持ちを強く伝えたいとき、チエさんならどうしますか？

チエ　そうだなぁ……、「あなたの誠実で思いやりのあるところが大好きです」みたいな？

メイメイ　チエさん、思い出してください。「コトバ・イズ・マネー」ですよ。ちょっと言葉が多いんじゃないですか？

チエ　うーん、メイメイだったらどう言うのよ？

メイメイ　例えば、「だ」です。

チエ　だ？

メイメイ　「あなたが大好き！」と「あなたが大好きだ！」、どっちが強いメッセージに感じますか？

チエ　確かに、「あなたが大好きだ！」の方が強い感じがするね。

メイメイ　**濁音は、主張を強くして相手の印象に残す力があるんです。**あとは、「**繰り返し**」です。「それ、私は絶対に食べたい」だったら、「それ、私は絶対に、絶対に食べたい」なんていう感じに繰り返すと……？

チエ　食べたくて食べたくてしょうがない感じが伝わってくるね！

メイメイ　主張以外にも、感情も簡単に強化することができますよ。
感情強化の「本当に」です。
「今日は、楽しい日だった！」だったら……
「今日は、本当に楽しい日だった！」となります。
さらに、さっきの繰り返しもダブルで入れると……？

今日は、本当に本当に楽しい日だった！

チエ　これで、最高に楽しい日だったことを伝える表現の完成です。
誰にでも馴染みがある「ロングセラーの言葉でいい」っていうのはこういうことです！　同じことを言ってるんだけど、ちょっとだけ違う。商品の配置を少し変えるだけで新鮮に見えたり、強く印象に残ったりする感じでしょうか。
メイメイ　メイメイ、こんな感じでいいなら私にもできそうな気がしてきたわ。
back number の曲でこんな歌詞がありました。

君が好きだ
聞こえるまで何度だって言うよ
君が好きだ

クリスマスソング／back number

チエ 「好きだ」を繰り返してさらに強く訴えているね。

メイメイ もう1ついってみましょう。チエさんは、**オノマトペ**って知ってますか？ 自然界の音や声、物の状態や動きなどを象徴的に表した言葉です。

チエ モフモフとか、キラキラ、メラメラみたいな？

メイメイ そうです。他にもパリパリ、ザクザク、ザーザーなど、日本語にはたくさんのオノマトペがあります。
『日本語オノマトペ辞典』（小学館）というオノマトペをまとめた最大の辞典には、4500語ものオノマトペが収録されているんです。

チエ 4500語!?

メイメイ 「緊張しています」と言うより、「心臓がバクバクしています」と言った方が臨場感が伝わって、言葉の強さは増しますよね。

チエ 同じように、「子どもが笑った」だったらどうなりますか？

メイメイ 「子どもがクスクス笑った」みたいな？

チエ 楽しそうな感じがよりわかりますよね。

メイメイ なるほど、オノマトペがついている方が伝わりやすいね。

俺たちまだまだビッグマックなんて、ペロリだよ。

（日本マクドナルド）

このキャッチコピーが使われたマクドナルドの最初のCMは2022年で、中堅の会社員を玉木宏さん、竹原ピストルさんのお二人が演じていました。

チエ あっ、見たことあるー。

メイメイ 下の世代からの突き上げ、上の世代へと近づいていく焦燥感を「ペロリ」と若々しく、余裕や自信さえ感じさせるオノマトペで絶妙かつ前向きに表現していたんです。

チエ　あんな大きなビッグマックをペロリって、言葉のインパクトも強いよね。

メイメイ　あとは**シズル**です。シズル（sizzle）とは、肉が焼ける際の「ジュージュー」と音をたてる意味の英語で、いまではそこから転じて、感覚を刺激して食欲や購買意欲を喚起する手法を意味する語になりました。

チエ　グルメ番組で聞くような言い方かな？

メイメイ　そうそう、「お肉の食感」よりも、「**とろけるような**お肉の食感」の方がおいしそうですし、「ドーナツ」より、「**もちもちの**ドーナツ」の方が食べたくなるでしょう。

チエ　普通に言うより、五感が刺激される感じだ！
でも、これって食べ物にしか使えないの？

メイメイ　いいえ、そんなことはありませんよ。
例えば、チエさんが旅行先で泊まったホテルのベッドがとても寝心地がよかったとしましょう。
「柔らかいベッド」と言うよりも、「雲の上で眠るようなベッド」と言った方がイメージしやすいですよね。さらに、オノマトペを加えるなら……？

チエ　「**ふわふわの**雲の上で眠るようなベッド」！

メイメイ　そうです！　「柔らかいベッド」よりもイメージが強く湧きませんか。

チエ　確かに！　そういえばこの間ＣＭで、「とろけるような肌触りの化粧水」なんて言葉も見かけたな。

メイメイ　「とろける」も触感がイメージしやすい強い表現ですよね。

あっ、そうだ。眠りといえば、「泥のように眠る」という表現がありますよね。

これが、村上春樹の『ノルウェイの森（上）』（講談社文庫）では、

眠りがやってきて、温かい泥の中に僕を運んでいった。

と表現されています。

眠りの主体である登場人物が深い深い眠りに落ちる様がよくわかりますよね。

チエ　なんだかすごく深い眠りに落ちたんだな、よっぽど疲れていたのかなって感じる。文学って、すごいね。言語化の塊だ……。

メイメイ　もう一例ご紹介しましょう。太宰治の『女生徒』では、

いやだ。いやだ。朝の私は一ばん醜い。両方の脚が、くたくたに疲れて、そうして、もう、何もしたくない。

という表現があります。「いやだ。いやだ」の繰り返し。さらには「くたくたに」というオノマトペ。読者を引き込む文章には、こういったテクニックが多数使われているのですね。

POINT

濁音、オノマトペ、シズルで言葉をバシバシ強くするのだ！

順番を入れ替えるだけで、物語が一気に動き出す

チエ　メイメイ、音以外にも小学生レベルの言葉で印象を強くする方法ってある？

メイメイ　たくさんありますが、**「順番を逆にする」**なんてのも、すぐにできておすすめですよ。

日本語って「主語↓述語（動作）」の構成が通常でしょう。これを**「述語（動作）↓主語」**にしてみるんです。例えば、こんなふうに。

母がトップスのチョコレートケーキを食べた。

←

トップスのチョコレートケーキを食べたのは、母だった。

主語の「母」と述語の「(チョコレートケーキを)食べた」の順番を入れ替えただけですが、どう感じますか?

チエ

最初の文章は、ただ事実を伝えているだけって感じだけど、後の文章は、何かの事件の犯人を探してるみたい! 順番を逆にした方は、チョコレートケーキを食べた「母」が強調されているわけね。

メイメイ

そうです、最初の文章ではただ単にお母さんの行動を書いただけですが、後の文章はその前後の物語を感じさせますよね。

あの人のことは、忘れようと思う。

これなら、「失恋でもしたのかな?」と思うくらいですが……

忘れようと思う。あの人のことは。

なんて言ったら、「本気で忘れようとしてるんだ」「大恋愛の末の大失恋だったのかな?」『あの人』って、どんな人だったんだろう?」なんて具合に決意のすごさに驚かされたり、「あの人」のことが気になったりしませんか?

チエ わかる! 後者の方が印象に残るし、壮大なストーリーを感じさせるね。

メイメイ **好きだったあの人は、いまでも学生服を着ています。私の中では。**

(富士ヨット学生服)

こちらも通常の順番だと、
「私の中では、好きだったあの人は、いまでも学生服を着ています。」と〝フック〟になる要素がありません。
しかし「私の中では。」を最後に持ってくることによって、いまだに「私」の中に眠る淡い恋心、甘酸っぱい記憶を想起させますね。

チエ 前者の方が印象に残るし、ストーリーを感じさせるね。
ねえメイメイ、いま「フック」って言ってたけど、それってどういう意味?

メイメイ 広告界では、人を引きつける言葉やツカミになるものを「フック」なんて言います。「残り物にはフック（福）がある」と覚えておきましょう。

チエ メイメイってたまにひどいオヤジギャグ言うよね……。レアがどうとか……。

メイメイ **これは、文章の流れをあえて逆にすることで、意外性やインパクトが生まれるからです。**言葉は上から下（横書きだと左から右）へと時間が流れていくので、それを逆転させる効果が生まれますね。詳しくは3章の「流れと組立」でもお伝えします。単調になるのを避けて、読者の好奇心を刺激し、新鮮な印象を与えることになるでしょう。

POINT

文章の順番をあえて入れ替えると意外性が生まれ、フックが作れる。

ぼやっとした言葉を すっきりクリアに

メイメイ ところでチエさん、さっき「なんでも『やばい』って言ってしまう」って言ってたじゃないですか。チエさんって、何気なく使う言葉がぼやっとしていることがありますよね。

チエ ん？ それってどういう意味？

メイメイ 私の使ってる言葉がわかりにくいってこと？

「わかりにくい」ということでもあるんですが、正確にいうと、**「解像度が低い」**ってことなんです。

チエ 解像度……？

メイメイ ほら、パソコンやスマホで画像が粗くてぼやっと見えちゃうようなことはないですか？ ああいう状態が解像度が低いってことです。

解像度っていうのは、もともとはテレビやコンピュータのディスプレー、カメラ、プリンターなどで表示できる画像や文字の鮮明さを表す言葉でしたが、最近では考え方や言葉のこまやかさにも使われるようになりました。

チエ ……ってことは、私が「やばい」「すごい」を連発してるのって、言葉がぼやけちゃってるってこと？

メイメイ そうです、言葉がぼやけて伝わりにくいんですよね。

チエ 例えば、昨日喫茶店で「この店のケーキ、やばっ」って言っていましたよね。

メイメイ あー、はい、確かに言ったかも……。なんで知ってるのよ……。

話の流れからすると、「すごくおいしい」って言いたいんだろうなと思うのですが、「やばっ」は場合によっては、「とってもまずい」って意味になる可能性もありますよね。

チエ やばっ！

……あっ、また言っちゃった！

メイメイ それって**言葉の解釈を相手に委ねているので、言葉にぼやっと霧がかかっているる**わけですよ。

しかも、相手に解釈を委ねているということは、相手に余計な負担をかけていることでもあります。

キャッチコピーの作り方を教えるコピーライターの先生の中には、**「すごい、やばいは禁止！」**という人もいます。

「すごい」「やばい」と言いたいところをぐっと飲み込んで、的確かつ明瞭に表現するのが広告のコピーだという信念ですね。

さっきのケーキの話だと、

この店のケーキ、どれを食べてもおいしい。

とケーキ屋さん全体のレベルの高さに感嘆したことを相手に伝えるのもいいでしょう。

あるいは、

この店のケーキ、とろけるように柔らかくて、

また食べたくなる！

とケーキの柔らかさに着目してもよいと思います。

または、

この店のケーキ、
おいしすぎてもはや食べるより飲んじゃってる！

と、おいしくてすぐ完食してしまったことを伝えるのもいいでしょう。

自分が感じたおいしさを相手が聞いたとき、「それなら私も体験してみたい！」と感じるように伝えられたらいいですね。

チエ
そっかー。「やばっ」って一言だけだと、勢いだけでどういうところがケーキの魅力だったかまではわからないよね。

メイメイ
そうなんです。

簡単に意識してできる伝え方でいうと、**「数字を入れる」**という方法もありますよ。
例えば、「未来のあなたへ」って言うよりも、**「1年後のあなたへ」**って言った方が具体的でしょう。

チエ はあ、なるほど。「未来」はいつのことかわからないけど、「1年後」って言われるといまの職場にいる自分なのか、別のところにいる自分なのか、なんとなくイメージがつきやすいね。

メイメイ そう、頭の中に映像が浮かびますよね。抽象的な言葉って映像として形を持たないでしょう。だから、具体的な言葉を提示してあげた方が相手には伝わりますね。

チエ ちゅうしょうと、ぐたい、か……。

メイメイ 「抽象的」とは、一般的な概念として捉える様子ですね。人によって捉え方が異なる場合があるので、抽象的な言葉だと、正確に伝わりにくくなります。「未来」は人によって捉え方が異なり漠然としていますが、「1年後」は具体的ですよね。
例えば、抽象的な言葉と具体的な言葉はこんなふうに使い分けられます。

抽象的な言葉　⇕　具体的な言葉
愛　⇕　母が作ってくれたお弁当
幸せ　⇕　ベッドで眠るあの人の寝顔
美　⇕　花、夕焼け
人生　⇕　成長するための旅
平和　⇕　犬と公園で散歩する

チエ　それってつまり、具体的な方がいいってことよね？

メイメイ　具体的な方が、言いたいことがしっかりと伝わりやすくなるでしょう。
でも、抽象的な言葉がダメなわけではないんですね。
多くの人に届けるときには、みんなに共通するように「大きな言葉」を使う場合があります。例えば、企業からのメッセージなんかに多いですよね。

あなたの未来を応援します。次の時代もともに。（××企業）

こんな感じのキャッチコピーを見たことはないですか？　間違ってはいないけれど、あまり印象には残りませんよね。

チエ　そっかー。確かに言葉を聞いても、頭に絵が浮かばないわね。

メイメイ　そうですね。企業からのメッセージでも、

地図に残る仕事。（大成建設）

こんなふうにとても具体的で誇らしさが感じられるフレーズもあります。

チエ　そうか〜。抽象的より具体的に、形を持つ言葉ね……。

メイメイ　だから「1万円」のように、数字って強いんですよ。だって誰にとっても、1は1だし、10は10でしょ。

チエ　確かにね。

メイメイ　**数字を使うと、話し合っている者同士が同じモノサシを持つことになるので、受け取り間違いが起こらずに、スムーズに伝わりやすくなるんです。**数字はそ

れだけで相対化されているということですね。

チエ
ん？　ちょっと待って、相対化って何？

メイメイ
ものとものを比べて、それを位置づけることといいましょうか。間違いが起こりにくくなるわけです。

例えば、家電量販店に冷蔵庫を買いに行って、どの冷蔵庫を買おうかと悩んでいるとしましょう。そんなときに店員さんから、

この冷蔵庫は、とってもエコなんです！

と説明されるより、

この冷蔵庫は、電気代を年間1万円も節約できます！

と数字で言われた方が、具体的でわかりやすいでしょう。

チエ
確かに数字って強いよね。覚えやすいし。

だからこの本のタイトルにも小5って、「5」の数字が入っているわけね。

POINT

今日から「すごい」「やばい」は禁止！
抽象より具体で言葉の解像度を上げる。

言いたいことを伝えても「伝わらない」

メイメイ さあチエさん、これで棚の整理、陳列はできました！

チエ うん、誰でも知っているロングセラーと呼べる言葉の使い方もわかった！

メイメイ でも、相手に伝えただけだとまだ不十分でして……。

チエ ちょっとちょっと！　まだやることあるの？

メイメイ チエさんにできるようになってほしいのは、「いい感じに言える」みたいな状態じゃないんです。**相手の行動が変わらないと正しく伝えたことにはならない**のですよ。

それをずばり**「行動変容」**っていいます。

チエ わっ、なんか難しい言葉出てきた！　小学生レベルじゃないじゃん！

メイメイ 「行動変容」という言葉自体は忘れても大丈夫ですよ。

チエ 大事なのは、**「伝える」と「伝わる」は別の状態**ということです。

メイメイ むむっ？　1文字の違いがそんなに大きいの？

チエ この違いはとても大きいですよ！

メイメイ 「伝える」よりも、「伝わる」の方がレベルが上、みたいなイメージ？

チエ 「伝える」はあくまでも、一方通行のコミュニケーションです。例えば私がチエさんに「この本を買ってください」と伝えても、チエさんが「どうして買わなくちゃいけないのか」がわからなければ、チエさんは買いませんよね。

メイメイ 確かに、私たちが教授と学生とか、王様と市民みたいな関係でもない限り、「この本を買って」と言われても、すぐに買ったりはしないかな。

【伝える】A→B

図式化すると「伝える」とは、このように矢印が一方通行の状態です。

それでは、私がチエさんに「この本を買ったら、思いを伝えることが劇的に上手になり、仕事も恋愛も成就する」といった話をして、「本一冊で人生が激変したら、お安くないですか?」と「伝えた」とします。
するとどうなりますか……?

チエ まあ読んでみたくなるね。納得して、買うかも……。

メイメイ あっ! これが「伝わる」ってこと?

チエ そうです。私からチエさんに伝えたいことが、伝わるという状態になる。そして、チエさんは本を購入する。つまり、行動を起こし、私にその結果が返ってくる。これが「行動変容」が起きたということですね。これも図式化すると、こうなります。

【伝わる】A⇅B

メイメイ なるほどね! 矢印が双方向になった!

チエ チエさんの洋服のブランドで、人気タレントとコラボするアイテムを発売することになったとしましょう。お店側のチエさんは、このコラボが話題になって盛り上がってほしいので、発売と同時に注文が殺到して、即完した結果を作りたいとします。このコラボのお知らせを作るなら、どんな言葉で伝えますか？

チエ　**あの人気タレントAさんとhanagaraブランドが初コラボ！**
発売は来月○月×日から。

メイメイ　必要な情報を入れると、こんな感じかな？

うーん、これだと一方的に情報を並べただけですよね。まさに「伝える」の段階です。「伝わる」にするには、次の情報を入れた方がいいんです。

①買いたいと相手に思わせる情報
②買いたい場合はどうすればいいのか

ここまで意識してお客さんの行動を変えないとダメですね。

チエ　「①買いたいと相手に思わせる情報」って？

メイメイ　例えば、タレントのAさんが実は以前からhanagaraブランドの大ファンだったとしましょう。「今回のコラボはAさんも熱望していて、Aさん、hanagaraブランド双方が念願叶って実現したコラボです。Aさんもノリノリで、いくつものデザインを考えた中の1つがついに発売に！」といった具合に「熱量」も伝えるのです。

チエ なるほど、熱量ね！「そんなにAさんが力を入れてるんだったら買いたい！」とファンの方に思わせるってことか。

じゃあ、「②買いたい場合はどうすればいいのか」は？　さっきの私の案でも必要なことは伝えていたと思うけど……。

メイメイ チエさんの案も悪くはないのですが、ちょっと物足りないんですよね。

「さらに、人気殺到で商品がすぐになくなる可能性もあるので、気になる方は早めにチェックしてください。確実に手に入れたい方は事前予約がおすすめです！」といったように、具体的にどんな行動を取ればいいのかを伝えてあげるのです。

「自分が言いたいこと」を言うのではなく、それは「相手にとってどのように良いことなのか？」に変換してみてください。

先ほどの例をまとめると、こうなります。

人気沸騰中のAさんとhanagaraが初コラボ！
Aさん手描きの花柄入りトップスは、
売り切れ必至のマストバイアイテムの予感。
発売日は○月×日！　ただいま、先行予約受付中！

POINT

自分が言いたいことよりも、
相手にとって良いことを考えて伝える。

1章のまとめ

- 言いたいことが伝わらないときは、頭の中の言葉が整理されているか確認する。
- 「コトバ・イズ・マネー」。言葉と上手に付き合えることには、大きな価値がある。
- 小学生レベルの言葉は、①早く伝わる、②簡単だから、間違いなく伝わる、③誰でも使える。
- 「音」を強調したり、順番を入れ替えたりするだけで伝わる言葉は作れる。
- 「伝わる」とは、相手の行動が変わること。「相手にとってどのように良いことなのか？」を考え抜く。

2

言語化で
モヤモヤを
クリアに

考えは言葉となり、
言葉は行動となり、
行動は習慣となり、
習慣は人格となり、
人格は運命となる。

マーガレット・ヒルダ・サッチャー
（イギリス第71代首相）

言葉が出てこないなら、画から言葉にすればいい

メイメイ　さてチエさん、もう一度デザイナーさんにポスターの修正をしてもらいましょうか。

チエ　私が思う「かわいい」をしっかりとデザイナーさんに伝えないといけないんだよね。

メイメイ　「かわいい」と一口に言っても、いろんな種類があることは先ほどわかりましたよね。

チエ　そうね。人によっては「キモかわいい」もかわいいだし、10代の子は見たものすべてに「かわいい」って言ってるよね。

メイメイ　チエさんもつい最近まで10代だったじゃないですか……。
でも、いい例だと思います。どの「かわいい」にフォーカスするかは重要なポ

イントですね。

チエ ということは、「私が今回表現してほしい『かわいい』とはこういうことです！」ってデザイナーさんに伝えないといけないってことだよね？

メイメイ しかも、伝えるだけじゃ足りませんよね？

チエ そうそう！　**デザイナーさんが私が思っている「かわいい」をデザインに落とし込めるように行動を変えないと「伝わる」にはならない！**

メイメイ いいですね！

チエ でも、肝心の「かわいい」を言葉にするやり方がわからないんだよなぁ……。

メイメイ 安心してください。そんなチエさんでも一発で「かわいい」を言葉にできる方法をお教えしますよ。
「自分にとってのかわいいイメージのポスター」が、チエさんの頭の中にはありますよね。
言語化が難しかったら、画像からそれを言葉に変換してみませんか。

チエ うーん、でもそういう作業って面倒くさそう……。
他の仕事をやる時間が減ってさらに仕事が終わらなくなりそう。詰むわ。

メイメイ

まあまあ、そうは言わずに一回やってみましょうよ。**言葉にするのが難しいなら、自分のイメージに近い画像を3枚用意します。**今回は新商品を紹介するポスターですから、インターネットの画像検索で「かわいい　ファッション　ポスター」などで探すとたくさん見つかりますよね。Pinterestなんかで探すのもいいですね。

チエ

Pinterest？

メイメイ

「アイデアの宝庫」とも呼ばれる人気の画像共有サービスです。さあ、チエさんが「かわいい」と思う画像を探してみてください。

チエ

……はいっ！　選びました！　1枚目はこれ！

メイメイ

チエさん、この画像のどこがかわいいと思ったのですか？

チエ まずね、背景の色がかわいいと思ったの。

メイメイ この色って、なんていうのですかね？

チエ パステル調？

メイメイ 原色に白を混ぜて作られた、柔らかく淡い色のことですね。

チエ そうそう！ それで、赤や黄や青のマカロンが引き立っている。
今回の商品のカラー展開も、こういった青の背景色なら引き立つんじゃないかって思ったの。

メイメイ なるほど、1つ言語化できましたね。
「背景色は、淡いパステルブルーでお願いします！」と。
ここで、「かわいい」の言語化は一旦できたので、次の2枚はポスターに入れてほしい要素の言語化でいきましょう。

チエ よし、2枚目はこれかな。

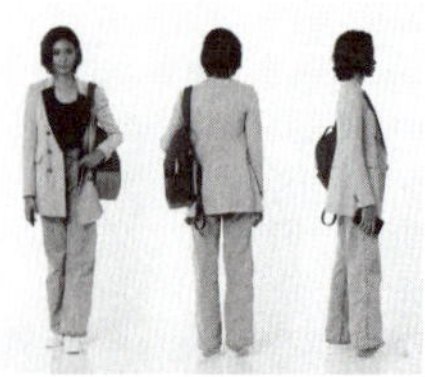

メイメイ　チエさん、この画像はどんなところがいいんですか？

チエ　えっと、お客さんってその服を自分が着たときのイメージを持ちたいと思うんだ。だから、商品を着たモデルさんの写真は見せたい。
でも、ただ前からのカットだけじゃなくて、この画像みたいに後ろ姿とか横の姿も見せてあげると、もっとイメージしやすいんじゃないかって思ったんだ。

メイメイ　なるほど、では**「商品写真はモデル着用の3枚で、前、後ろ、横で構成してください」**が2枚目の言語化ですね。

チエ　3枚目はこれ！

メイメイ　おっ、これはずいぶん数字が目立つ画像ですね。

チエ そう、この画像を見て、数字を強く見せたいっていう考え方がうまくまとまったの。hanagaraブランドは大学生から社会人まで幅広い年齢層の人たちに手に取ってもらいやすい価格帯が売りだから、やっぱり価格はしっかり見せることが大事だな、と！

メイメイ なるほどね。**「価格は中央に大きく入れる」**、これが3枚目の言語化。これを伝えたら、きっとチエさんのイメージに近いポスターはできあがりそうですね。

チエ でもこんなこと、いちいちやっていたら仕事終わらないじゃない！

メイメイ そりゃ、1日中ずっと画像を探してたら終わりませんよ。なので、画像は「3枚だけ」。3枚選んで言葉にする。これを時間を区切って、できるだけ短い時間でやっていくんです。15〜30分くらいでできるといいですね。

チエ よしっ、「かわいい」も言語化できたことだし、もう一回デザイナーさんにポスターの依頼をしてみるね！

【依頼文のまとめ】

商品の魅力を引き出すため、

①背景色をパステルブルーに変更してください。

②モデルの着用写真を前、後ろ、横の3カットで構成してください（着用写真はこちらで手配します）。

③価格を大きく、中央に配置してください。

POINT

画像は3枚。頭の中にあるイメージを画像から言葉にしてみよう。

言葉にできないときは、何度も自分に問いただす

チエ
ふぅ、ポスターの発注はこれで一安心かな。
ねえ、メイメイ。さっきは「かわいい」を言語化したんだけど、そもそも頭の中がモヤモヤして、言いたいことがはっきりしないことも結構あるんだ。そんなときにもさっきの画像を探す方法がいいのかな？

メイメイ
そうですね、画像を共通のゴールイメージとして活用した言語化の方法以外に、もっとピッタリの方法がありますよ。
次は、**モヤモヤして何を言えばいいのかわからないときに言葉にするテクニック**を押さえましょうか。
ちょうどいい言葉が出てこないとき、ピッタリと当てはまる言葉が出てこないときは、無理してうまいことを言おうとしなくていいんです。

チエ　でも、何も言わないわけにはいかないじゃない。

メイメイ　そうですね。時間があれば静かな場所で、気持ちを落ち着かせて、心の奥底にある考えを自分に聞いてみるといいですね。紙に書き出しながらやってみるのもおすすめです。

チエ　……！

メイメイ　ええ、わかってますよ。今のチエさんにそんなゆとりの時間が取れないことは。そんなときは、自分に**「セルフなぜ？」を繰り返してみて**ください。

チエ　「セルフなぜ？」って自分に「なんで？」って問いただすということ？

メイメイ　「どうしてそう思う？」を繰り返していくのです。難しく考えないでくださいね。ゲーム感覚でやるとなんだか楽しいですよ。「なんでだろう、なんでだろう。なんでだろう」って。

チエ　なんか、そんなお笑いコンビいなかった？　ギター弾きながら……。

メイメイ　テツ and トモさんですね！
「なんで？」が落ち着いたら、その答えが出た言葉の後に、「つまり、一言でいったら……」でまとめていくんです。

チエ　「結論」としてまとめるわけね。

メイメイ　しょーゆーこと。

チエ　なぜ、さんまさん？

メイメイ　まあ、やってみましょうか。

チエ　お題はチエさんの目線で、「なぜ私は仕事でミスが多いのだろう」というか、例題が本当に失礼なんですけど。

メイメイ　とりあえず、やってみましょう。
「なぜ私は仕事でミスが多いのだろう」

チエ　なぜならば、私は仕事に対して丁寧さを欠いているからだ。

メイメイ　はい、続けて。
「なぜ、私は仕事に対して丁寧さを欠いているのか」

チエ　それは、忙しくて、こなさなければいけないことがたくさんあるからだ。

メイメイ　先月間違えて、10枚発注するところを100枚発注してましたもんね。

チエ　うるさい！

メイメイ　一昨日もSサイズを探していたお客さんにLサイズを渡しちゃったり。

チエ　もー。「セルフなぜ？」に戻っていい？
「ではなぜ忙しくて、こなさなければいけないことがたくさんあるのか」

メイメイ　私が一人で仕事を抱えてしまっているからだ。

チエ　なるほど。仕事を一人で抱えずに、まわりの人にお願いしたりできたらいいかもしれませんね。

メイメイ　ほんとそうね！
人にお願いするのって難しいけど、何から何まで私一人でやらなくてもいいんだよね。

チエ　はい、では**最初の問いである「なぜ私は仕事でミスが多いのだろう」の答えを一言で言ったら、「私が一人で仕事を抱えてしまっているから」**。**解決法は、「人にお願いできることはする」**だったのですね。

メイメイ　そっか。考えるのが少し楽になったかも。

チエ　**「言語化がうまい人」というのは、これを自分の頭の中でスピーディにこなせる人**のことなのではないかと思うのです。

チエ　自分で自分に質問して答えて、また質問をして……これを繰り返して、回答を言葉にしているということ?

メイメイ はい、頭の中にこの回路と流れを作るんです。そのためには、この「セルフなぜ?」を習慣にしてしまうのが手っ取り早いんですね。

チエ 「習慣にする」か……。ローマは、なんとかにしてならず、ね。

メイメイ はい、ローマは一日にして成らずです。この「セルフなぜ?」が習慣になると、チエさんの言語化はさらに進化しますよ! 次は、その「進化」を見てみましょう。

POINT

「セルフなぜ?」を繰り返すと、答えと解決策が見つかる。

ものの捉え方すら変える「再定義」の魔法

メイメイ　チエさんはさっき「セルフなぜ？」を体験しましたね。「セルフなぜ？」が習慣化されると、「再定義」ができるようになりますよ。

チエ　再定義……？

メイメイ　「定義」っていうと、物事の意味を決めるみたいなことだよね？　それをやり直すみたいなこと？

まずは、私が「再定義系」と呼んでいるキャッチコピーを見てみましょうか。

年賀状は、贈り物だと思う。　（日本郵便 ※平成20年用年賀はがき）

#退屈は犯罪です　（Netflix）

挨拶は、一秒でできる防犯です。

（Tokyo Good Manners Project／第58回宣伝会議賞 シルバー）

チエ
これらのコピーの共通点がわかりますか？
えーっと、一般的に「これってこういうものだよね」って思われてるものを別の言葉で伝えてる、みたいな？

メイメイ
その通り！　それを私は「再定義」と呼んでいます。

「Aは、実はBなんじゃないか」という発見を共感や納得につなげる、物事を再定義するコピーです。

例えば、「年賀状は、贈り物だと思う。」であれば、年賀状は「年に一度の挨拶の手紙」「付き合いで出さないといけないもの」なんて思われがちですが、「贈り物」だと再定義すると、送る側ももらう側もワクワクしてきますよね。

「#退屈は犯罪です」も、退屈なんて人生においてありふれたものと思ってしまいがちですが、「犯罪」とまで言われると、ドキッとしますし、「Netflixなら退屈を紛らわせてくれるのかな」なんて期待も抱けそうです。

「挨拶は、一秒でできる防犯です。」も、挨拶は年賀状と同じように「面倒なもの」なんて思ってしまいがちですが、「防犯」と言われると納得ですよね。

チエ

確かに、隣近所で挨拶が行き届いている街だと、泥棒も悪事を働こうなんて思いづらそうだよね。

メイメイ

再定義はとっても使い勝手がいいんですよ。

例えば、インスタントラーメンのサッポロ一番には、こんなキャッチコピーがあります。

このひと手間が、アイラブユー。（サッポロ一番／サンヨー食品）

これもインスタントラーメンを作るというちょっとした「手間」を「ポジティブ」に捉えたコピーですね。

チエ

なるほど、前にメイメイが「言葉はプレゼントになる」って言ってたよね！

メイメイ

チエさん、いいところに気づきましたね。

落ち込んだときに、「がんばろう」って自分を励ますのも、実は言葉じゃないですか。

人生は近くで見ると悲劇だが、遠くから見れば喜劇である。

世界の喜劇王・チャップリンもこう語っていますしね。

一見、不幸に叩きのめされるような体験も、視点を変えたら別のストーリーへと展開していくんですよ。これが、言語化が上手にできる人だけが手にしているものだと言っても過言ではありませんね。

「視点が変われば人生が変わる」をモットーに、ものの見方を追求している作家のひすいこたろうさんの著書『ものの見方検定』（祥伝社）には、「矢沢永吉さんは約30億円の借金を背負ったときに、これを●●と思うことにした」というエピソードが紹介されています。

チエさん、なんだと思いますか？

チエ　なんだろう、とんでもない額の借金だよね。

メイメイ うーん、「生きるエネルギー」とか……？

チエ なるほど、矢沢さんはもっとシンプルな言葉でポジティブに考えていたようですよ。

さすがの矢沢さんも落ち込み、お酒に溺れる日々を送っていたそうです。

そんなとき、奥様から「矢沢永吉が本気になったら返せないお金ではないでしょ？」と言われたんですって。

メイメイ へー。

チエ そこで、**矢沢さんは「これは映画だと思えばいい」と視点を切り替えたんだそうです。**映画では主人公が追いつめられてピンチに陥る「絶体絶命のシーン」って必ずありますよね。

メイメイ すごい金額の借金を抱えている状況すら、映画のワンシーンと思って楽しんでいたんだ！　矢沢さん、ドラマチックな人生だわ。

チエ そこから矢沢さんは怒濤のライブ活動を通じて、なんと6年で借金を返済してしまったそうです。

さっすが、スーパースターYAZAWA！

メイメイ

「Aは、実はBなんじゃないか」は言語化の極意でもありますけど、たくましく前を向いて生きるための視点を切り替える方法としても使えるんですよ。

POINT

言葉を再定義すると、視点が変わり、明るいメッセージが生まれる。

「芯を捉えた言葉」を作る人が無意識にやっていること

メイメイ　チエさん、コピーライターになろうとする方々が集う「コピーライター養成講座」というものをご存じですか？

チエ　コピーライターになるための教室ってこと？

メイメイ　ざっくりと説明すると、そういうことですね。そこでは、「つまり、その商品を一言で言ったら？」「その商品の本質的な価値は？」といった具合に、言葉を言い換えたり、考え直したりする訓練をたくさんします。

チエ　その商品の価値をいろんな角度から見ていく練習ってことね。
私もhanagaraブランドの商品の良さをビシッと的確に伝えないといけないことがあるから、受けてみたいかも……。

メイメイ　それでは、ちょっと練習してみましょうか。コピーライターがやっている言語化の考え方を私流にざっくりと理解しやすいようにアレンジしてみましょう。例えば、Netflixを一言でまとめたらどうなりますか？

メイメイ そうねえ、「まるで自分だけの映画館」「次から次へと、一気見しちゃう」「睡眠時間がなくなる危険なサービス」みたいな感じかなぁ？

チエ チエさんの実体験が表れていて、いいですね。

メイメイ でも、ちょっと考えてほしいんですけど、いま出てきた特徴って他の動画配信サービスでも当てはまりませんか？

チエ 確かに、Amazon Prime VideoとかDisney+も同じ言葉でまとめられちゃうかも……。

メイメイ 他にも、「あなたの好きが見つかる」「世界中を楽しめる」みたいに言うとどう思いますか？

チエ これも、別のサービスでも当てはまりそう。好きな映画を見つけるのも、世界中の映画が見られるのも、Netflixだけじゃないもんね。

メイメイ そうなんです。**こういう「何にでも当てはまりそうな言葉」を使っている状態を「芯食ってない」なんていいますね。**

チエ

「芯」って、中心にあるものの芯のことね。

メイメイ

そうです。その物事の核心部分とでもいいましょうか。表面的なところではなく、「核心を突いている」「的を射る」といった意味で使われます。

例えば、「ドラえもん」を知らない人に、チエさんなら一言でどうやって伝えますか？　まずは、芯の部分となる要素を書き出してみましょう。

- ネコ型ロボット
- 四次元ポケット
- 相棒はのび太くん
- どら焼き大好き
- ネズミが苦手
- 妹はドラミちゃん
- 22世紀からやってきた
- 青い
- 最初は黄色だった
- 短い手足
- しっぽが電源
- 世代を超えて愛されている
- 生みの親は藤子・F・不二雄
- ヒゲが6本
- 赤い鼻

チエ　では、チエさん。ドラえもんを一言でどうぞ！

メイメイ　「22世紀からやってきた」「青色」の「猫型ロボット」、これでどう？

チエ　ブー！

メイメイ　えぇー!?

チエ　チエさんが一言で表したドラえもんは、表面的にはいいのですが、核心に触れられていない気がしました。これが芯食ってない状態ってやつですね！

メイメイ　どうして？　いいじゃないの？　未来から来た存在で、外見の色のことも言っているし、イメージつくんじゃないの？

チエ　確かに、芯となりそうな候補の言葉が3つも入っていますよね。

メイメイ　そこはいいんですが、「ドラえもんの一番の魅力」ってどこでしょうか？
「どこでもドア」や「タケコプター」などワクワクするような「ひみつ道具」を四次元ポケットから取り出して、のび太くんや困っている人の問題を解決するところじゃないですか？

チエ　そっかー！　ひみつ道具について触れてなかったか。

メイメイ　ドラえもんの「芯」とは、「未来からワクワクするひみつ道具を出してくること」なんじゃないですか。

チエ

じゃあ、こんな感じはどう？

未来からやってきた猫型ロボットで、四次元ポケットからひみつ道具を取り出して、のび太くんを助けている。

メイメイ

そうそう、そんな感じです！

どんなものでも、必ず芯になる部分があって、言語化が上手な人は芯を見抜いて言葉にする力が高いんです。「芯」とは、他のものに取って代わることができない重要な部分のこと。いくつもの要素がある中で、果たしてそのどれが、芯にあたるかを日頃から考えるようにするとよいでしょう。

未来からやってくる登場人物やロボットは他の作品でもありそうなモチーフですが、数えきれないほどの種類のひみつ道具で主人公を助けてくれるキャラクターはなかなかいませんよね。

せっかくなので、**芯食った言葉の練習問題**を作ってみました！ ぜひチャレンジしてみてくださいね。

【芯食った言葉を作る練習問題】

①サンタクロース

「サンタクロース」と聞いて、浮かぶ言葉を10個ほど書き出してみます。

- プレゼント
- クリスマスツリー
- ジングルベル
- クリスマスイブ
- 煙突
- 白い髭のおじいさん
- トナカイ
- 靴下
- そり
- 赤い服

次に、誰に説明をするのかを考えます。

サンタクロースがやってくるのを楽しみにする「5歳の女の子」にしましょう。

【サンタクロースを5歳の女の子に伝える「言語化」】

サンタクロースとは……

クリスマスイブ、子どもたちに「プレゼントを届けてまわる人」。

②ほうれん草

「ほうれん草」と聞いて、浮かぶ言葉を10個ほど書き出してみます。

- 緑黄色野菜
- おひたし
- カレー
- 栄養満点
- 鉄分豊富
- 食べすぎると尿路結石のリスク
- ポパイ
- 貧血予防
- サラダ
- 胡麻和え

次に、誰に説明をするのかを考えます。

ほうれん草が苦手な「10歳の男の子」にしましょう。

【ほうれん草を10歳の男の子に伝える「言語化」】

ほうれん草は……

「栄養満点の野菜」なので、ヒーローになりたいキミにおすすめ。

③日本

「日本」と聞いて、浮かぶ言葉を10個ほど書き出してみます。

- 島国
- 富士山
- 治安の良さ
- 食文化
- おもてなしの心
- 四季
- 温泉
- アニメやマンガ
- 清潔さ
- 勤勉さ

次に、誰に説明をするのかを考えます。

日本のアニメに興味がある「海外の方」にしましょう。

【日本を海外の方に伝える「言語化」】

日本とは……

四季折々の自然や伝統文化からポップカルチャーまで、幅広く楽しめる「文化の宝庫」。

POINT

どんな物事にも「他に代えられない芯」がある。

言葉にするときは、一口サイズに切ってあげる

メイメイ チエさん、先ほどのドラえもんの説明はよかったのですが、ちょっと長かったですね。もう一回見てみましょうか。

ドラえもんとは……
未来からやってきた猫型ロボットで、四次元ポケットからひみつ道具を取り出して、のび太くんを助けている。

チエ これ、長いかなぁ……？

メイメイ ドラえもんを知らない人が、この説明で一発で理解するのは難しいかもしれません。「短い一文」にするにはどうしましょうか。

チエ 優先順位をつけて、順位が低いものはばっさり切って一文にしてみるか。

メイメイ いいですね、重要な順に番号をつけてみましょう。

チエ よしっ、さっきの文章を大まかに分けると……5つに分かれるかな？　優先順位を①～⑤の番号で振っていくと……

「①未来からやってきた」「②猫型ロボット」で、「⑤四次元ポケット」から「③ひみつ道具」を取り出して、「④のび太くん」を助けている。

こんな感じかな！

メイメイ それを入れ替えてみましょうか。

チエ これを入れ替えると……

ドラえもんとは……
未来からやってきた猫型ロボットで、ひみつ道具で助けてくれる。

メイメイ いいですね！　短く言語化できたら、仮にドラえもんを知らない人がいてもすぐ伝わりますね。

言いたいこと、伝えたいことはついつい長くなってしまいがちです。これは言語化のプロであるコピーライターでも同じこと。「ずらーっと続く長い文章をコンパクトにできないか」という練習をコピーライターはずっと続けているんです。広告に掲載できる文字数は決まっているので、その中に収めないといけないのですね。

例えばチエさんの目の前に、長いカステラを1本まるごと持ってこられるより、一口サイズにカットされたカステラの方が、すぐに食べられるでしょう。**言葉も受け取りやすいように、できるだけコンパクトに短くすることは大事なんです。**

チエ 短くするのが礼儀だし、作法なのか。

私、話が長くて、「結局何が言いたかったの?」って自分でも思うときあるもんなぁ……。

メイメイ 「チエさんの話は、結局オチがわからない」とかね。

チエ そうそう、よく言われる……。

メイメイ まずは、短くすることを習慣化してくださいね。

チエ ……といわれましても、どうすればいいのかしら？

メイメイ 今日からできる方法がありますよ。

「非常に」「とても」「かなり」といった強調語はなくても意味は十分通じます。

まずはこういう「なくてもいい言葉」を日常的に削っていくんです。例えばこんなふうに……。

今日の会議は非常に重要なので、遅刻しないように気をつけよう。

←

今日の会議は重要なので、遅刻しないように気をつけよう。

この映画はとても感動的で、何度も見たくなる。

←

この映画は感動的で、何度も見たくなる。

このプレゼンテーション資料は、かなり丁寧に作られている。

このプレゼンテーション資料は、丁寧に作られている。←

チエ　確かに強調語がなくても意味は通じているし、むしろない方がスッキリわかりやすいね。

メイメイ　あとは、**「体言止め」**ですね。体言（名詞）で止めて書くと、文章は短くできますよ。

体が資本です。健康が最も大切です。
←
健康第一。

ヨガをしていると、緊張がほぐれ、心が静かに満たされていくのがわかります。
←

緊張がほぐれ、心が静かに満たされていくのがヨガ。

おいしいものを食べると、幸せを感じるのがわかる。

←

幸せは、おいしいものを食べること。

チエ

チエさん、カルピスの原液ってとっても濃いですよね。

でも水を足しすぎると……？

水を足しすぎたら、カルピスウォーターが薄くなっちゃうわ。

メイメイ

体言止めは、少し濃いめのカルピスウォーターみたいなものなんです。

強調語とは、薄める用の水。足しすぎに注意ですね。

POINT

ノイズを削って短く、

コンパクトにすることを心がける。

困ったら頭の中の「あの人」にしゃべらせる

メイメイ　そうそう、言語化がすっごくシンプルにできる方法もありますよ。

チエ　チエさんは、会社で尊敬している人っていますか？

メイメイ　上司のNさん！　人前でハキハキしゃべるし、人にやる気を起こさせるし、オシャレで素敵な上司なんだ！

チエ　これは会議やプレゼンのときに使える手ですが、今度からNさんになりきって話してみてください。

メイメイ　私がNさんに!?

その人になりきってみたら、堂々と人前でしゃべれたとか、大きな声が出せて緊張しなかったなんてことはよくあることなんですよ。

イギリス初の女性首相となったマーガレット・サッチャーが残した次の言葉は、

そんな真理を突いています。

考えは言葉となり、言葉は行動となり、行動は習慣となり、習慣は人格となり、人格は運命となる。

なりきってみるのは身近な人でなくても、歴史上の人物でも著名人でもいいわけです。

チエ チエさんの憧れている人で、どうぞ。

メイメイ なるほど。歴史上の偉人でもいいのね。私、ココ・シャネルが好きなんだ。

チエ ココ・シャネルですか！　20世紀を代表するファッションデザイナーですよね。「生き生きとしていれば、みにくいということはない」――こんな素敵な言葉を残しているくらいですから、言葉の感覚も鋭い方ですよね。

例えば、チエさんのお店で仕事に自信が持てないアルバイトスタッフの方がいるとしましょう。ココ・シャネルになりきったら、なんて声をかけますか。

チエ そうだなぁ、「あなたの仕事は、とても素晴らしいものよ」「あなたなら、きっと乗り越えられるわ」なんて言えちゃうかも！

メイメイ　いいですね！　なりきるのは、異性でもいいんですよ。例えば、チエさんがいつも使っているそのスマートフォン、iPhoneですよね。iPhoneといえば？

チエ　スティーブ・ジョブズね！

メイメイ　**もし今日が最後の日だとしても、今からやろうとしていたことをするだろうか。違うという答えが何日も続くようなら、ちょっと生き方を見直すべきだ。**

こんな言葉を残して、Appleを世界的な企業に成長させたスティーブ・ジョブズだったら、どうでしょうか？　さあ、どうぞ。

チエ　「君が本当にやりたいことは何か？　心の声に耳を傾けなさい」なんて発破をかけてくれそう。

メイメイ　では、いつも情熱いっぱいの元テニスプレーヤー・松岡修造さんだったら？

チエ 「いま、君に必要なのは情熱だ！　心に火をつけろ！」

メイメイ お笑い芸人の江頭2：50さんだったら？

チエ 「悩みがあるなら、俺に相談しろよ！」なんて感じかな。

メイメイ いいですね、どんどんコツを摑んできましたね。

人気の小説家や漫画家の中にも、小説を書いている中で、「キャラクターが勝手に話し出す」といった表現をされていましたよ。

チエ キャラクターが、作家に乗り移るのね。

メイメイ まあこの本も、そうですね。著者の手代木さんは原稿が進まず、苦肉の策で猫のメイメイを登場させて、乗り移って書いている。まさに憑依系です。

この発想を逆手に取ると、実在の人物じゃなくても憑依して言語化することもできますよ！

いろいろなアニメのキャラクターでも、元気のないスタッフへの声かけを考えてみましょうか。

例えば、『ドラゴンボール』の孫悟空だったら？

チエ こんな感じかな？

メイメイ 「なあ、なんでそんなにしょげてるんだ？　もっと顔を上げてみろよ！」
『あたしンち』のお母さんだったら？

チエ 「若いって素晴らしい！　いろんなことに挑戦できるチャンスがいっぱいあるじゃない！」

メイメイ くまのプーさんだったら？

チエ 「きみは自分が思うより勇敢で、強くて、頭がいいんだよ」みたいな感じかな。

メイメイ いいですね！　もう一歩踏み込んでみましょうか。
キャラクターに語らせることの発展系で「擬人化」で言語化していく手法があります。

チエ ギジンカ？

メイメイ 人以外のものに対して、人としての性質や特徴を与える比喩表現の一種です。
例えば、風が「歌っている」、花が「笑っている」など、生物でないものに生命を吹き込むような表現方法です。
私のご主人が以前作った銀行のラジオＣＭで、お財布になりきった擬人化のストーリーがありました。

拝啓、ご主人様。
今日こそ、言わせてください。
私が美しいと感じる、
あなたのその矛盾に満ちた愚かさ。

1ヶ月の給料をつぎ込んで買った
おかしなデザインのジーンズ。
いま、タンスが穿いていますよね。

ネットオークションでは、
負けず嫌いが高じて高値更新。
お店で買った方が、はるかに安かったのに。

ふだんは、倹約家のあなた。

そして、あなたに連れ添う私。
いつもは、こう口を堅く
納めていますが突然開かれる、
その矛盾に満ちたお金の使い方が、
私を悲しくさせるのです。

買うことばかりに気を取られ、
お金を増やすことを知らないのですね。
僭越ながら、もう少し、
お金に関して賢くなられたら
いかがでしょうか。

ちょっと言い過ぎましたか？
あなたの財布より。

資産運用のことなら　○△銀行

チエ　お財布になりきることで、資産運用という「考えないといけないけど、なかなか向き合えていないこと」に向き合うきっかけをくれているんだね。

メイメイ　**擬人化を使いこなせると、ただ言語化がうまくなるだけじゃなく、アイデアをたくさん出せるようになりますよ。**

アイデアの切り口を生み出す方法として、私のご主人の会社の先輩が教えてくれた方法があります。

商品を真ん中に置いて、その周りに関係するものを列挙するんです。さながら宇宙にあるたくさんの惑星のように、「その惑星から真ん中の商品を見たらどういう言葉が出てくるだろうか」と考えるんですね。

例えば、商品が牛乳だとしましょう。コップが話すとしたら、水が話すとしたら、アンパンが話すとしたら……みたいに連想ゲームのように自由に考えていくとアイデアがどんどん出てきますよ。

チエ　うんうん。擬人化を使えば、確かに切り口は無尽蔵に出てくるわね。

メイメイ

日本では古くから、「自然や物などあらゆるものに神が宿る」と考えられてきました。

こういった擬人化の手法は、日本の伝統芸能と呼べるかもしれませんね。

企画の視点を考えるとき、商品の周りのものになりきったら、発想のネタはいくらでも生まれてきますよ。

POINT

なりきって言葉を生み出せば無数のアイデアが浮かんでくる。

2章のまとめ

- うまく言葉にできないときは、画像からイメージを言葉にしたり、自分に何度も問いただしたりする。
- 物事の再定義ができると、視点が変わり、言葉が明るく、強くなる。
- 「何にでも当てはまりそうな言葉」を脱し、優先順位をつけて芯を捉えた言葉を使う。
- 言葉は相手が受け取りやすいように、余計なものを削って一口サイズにする。
- 擬人化は言語化がどんどんできるようになる魔法のショートカット。

3

スイスイ伝わる言葉の極意

伝える努力よりも、
伝わる努力をしなさい。

永六輔（放送作家・作詞家）

キャッチコピーは、伝え方のラスボス

自分の思う「かわいい」を言語化できて、商品ポスターを無事に再発注できたチエ。その後もメイメイの言語化レッスンを受けている間に、次の大きな仕事がやってきた。憧れの上司のNさん直々に、お客さんに1着買ってもらったついでに、もう1着買ってもらう「セット販売」を促進するポスターに入れるキャッチコピーを考えるように命じられたのだ。

チエ うーん、キャッチコピーっていったって、どうやって書いたらいいものか……。ねえメイメイ、あなた言語化猫なんだから一緒に考えてよね。

メイメイ もちろん！　キャットフード極上プレミアム味で引き受けましょうか。

チエ そうやって、か弱い少女からお金を巻き上げる気ね！

メイメイ　まあ、いいわ。私はNさんからの評価の方がいまは大事だから。

では、まず内容を整理しましょう。

チエさんのお店としては、お客さんに1つの商品を買ってもらって終わりではなく、もう1つ買ってもらえたら売り上げが増えて嬉しい。だから、商品価格を割り引いてでも2つ目を買ってもらいたい、と。

チエ　まあ、そういうことね。

メイメイ　お店側の理屈はわかりました。

では、お客さん側のメリットは「1着あたりの値段が安くなる」以外にありますか？

チエ　うーん、他に何があるだろう……。

メイメイ　例えば、シャツとパンツの上下セットでコーディネートをお店で考えながら買えますよね。

そこをアピールするなら、「ハッピーコーデ割」2着目50％ＯＦＦ！　みたいな感じじゃないですか？

チエ　そういうセールはよくやるね。「いまなら、さらに▲％ＯＦＦ」とか。

メイメイ やっぱり、お客さんは安くなるのが好きだから。お客さんの購買のスイッチを入れやすくするのは、そういった価格やおトク訴求でしょうね。「セット割」「おトクにもう1着」「2着DEおトク」……こんなふうに限定感を推していくのも定番の手法でしょう。

チエ あれ……？　でも、私はNさんからキャッチコピーを作るように言われているけど、これってキャッチコピーっていうのかな？

メイメイ こういった言葉は、「キャッチコピー」ではなく、**「ネーミング」**ですね。

チエ ちょっと待って。そもそもそこからわかってないかも……。

メイメイ キャッチコピーとは何かから押さえましょうか。キャッチコピーとは、商品やサービスの魅力を凝縮し、一瞬で人々の心を掴むために開発された言葉です。

チエ なるほど、キャッチコピーの役割はわかったけど、私は別にコピーライターになりたいわけじゃないし、この仕事で無事に結果を出せればいいんだけど、キャッチコピーの考え方って知っておいた方がいいの？

メイメイ **キャッチコピーは、コピーライターがメッセージの受け手であるターゲットに向けて行動変容を起こすために、時には何百案と考えて選び抜いた、最強のラ**

スポス級の存在なんです。

これは言ってみれば、高校球児が地区の予選大会から勝ち上がって、甲子園までたどり着き！　ついに！　優勝を勝ち取って、歓喜の涙を流す高校野球くらいドラマチックで、難度の高いことなんです!!

チエ
……なんか野球でたとえるとき、やたら熱が入ってない？

メイメイ
キャッチコピーやネーミングは、誰でもいきなり作れるかといえば、多少の訓練は必要でしょう。でも、専門的ではない伝え方については、日本語が使えたら誰でもひょいっと使えますよ。

チエ
さっきメイメイは「ネーミング」っていう言葉も使ってたけど、キャッチコピーとはどう違うの？

メイメイ
「キャッチコピー」と「ネーミング」は、どちらも言葉で商品やサービスの魅力を伝えるものです。でも、実は両者には大きな〝違い〟があるんです。

チエ
ふむふむ。その違いって？

メイメイ
まず、ネーミングから説明しますね。
ネーミングは、商品やサービスの名前そのものです。名前って大抵の場合は、一番初めに見るじゃないですか。だから、第一印象を左右するとても重要なものなんです。

チエ
例えば、「ドトールコーヒー」や「ミスタードーナツ」といった店名もネーミングの一種です。名前を聞いただけで、どんなお店か想像できますよね？

メイメイ
確かに、私が生まれた頃にはもうあったお店だから気にしたことなかったけど、初めて見てもカフェとドーナツ屋さんってわかるよね。

チエ
それに対して、キャッチコピーはネーミングをさらに具体的に説明する言葉を指します。商品の特徴やメリットを短く印象的に伝えて、購買意欲を刺激する役割があるんです。

メイメイ
短い言葉で、お客さんが「買いたい！」って思うようにするってこと？
そういうことですね。
例えば、「ドトールコーヒー」のかつてのキャッチコピーは、

がんばる人の、がんばらない時間。

（ドトールコーヒー）

というものでした。このキャッチコピーからは、「ドトールコーヒーは仕事や家事など、日々さまざまなことに一生懸命取り組んでいる人たちに、コーヒーを飲みながら一息つき、心のリフレッシュをするための大切な時間を提供しています」というメッセージが伝わってきませんか？　利用者の共感を呼ぶ卓越したキャッチコピーですね。

チエ　ドトールのリフレッシュできる雰囲気、わかるな～。

メイメイ　では、一度チエさんの仕事に当てはめてネーミングとキャッチコピーを考えてみましょうか。チエさんの洋服のブランドの雑貨で、新しく発売するリップグロスがあるじゃないですか。これを例に考えてみましょう。

チエ　いまできているネーミングとキャッチコピーは、これだね。

ネーミング：キラキラときめきリップ
キャッチコピー：ひと塗りで、唇にキラめきを。

メイメイ　ネーミングの「キラキラときめきリップ」は、商品の見た目がキラキラしていることをイメージさせますよね。

チエ 一方、キャッチコピーの「ひと塗りで、唇にキラめきを。」は、より具体的に、そのリップグロスを使うと唇が美しく輝く様子を表現しています。

メイメイ なるほど、ネーミングとキャッチコピーはそういった違いと関係なのね。

チエ **ネーミングは、サービスにたどり着くための言葉の旗印です。キャッチコピーは、まず人の目を引き、捕まえる。まさに「キャッチする言葉」と考えればいいでしょう。**

メイメイ 2着目を買ってもらうセット割のアイデアについては、明日の会議までに考えて提案してみるか……!

チエ そういえば、そもそも人の名前自体がネーミングってことでもありますよね。

メイメイ そっか、名前ね。私、親から名前の由来を聞いたことがある。「チエ(知恵)は、物事の道理を深く考え、正しい判断を下す力があり、知的な女性に育ってほしい」って言っていたな。

チエ ご本人と名前って、どうしてこうも真逆になっちゃうんでしょうね……。

メイメイ おい、そこの猫! 失礼ね。それってどういう意味よ!

POINT

ネーミングという旗印を立て、
キャッチコピーで心を摑む。

あえて長～いネーミングと短いキャッチコピーの力

チエ ねぇメイメイ、私、ネーミングとキャッチコピーって、なんとなくネーミングは短くて、キャッチコピーは長いものって思っていたわ。

メイメイ チエさん、最近好きな曲を教えてもらえますか。

チエ tuki. の「晩餐歌」かな。

メイメイ あとは Mrs. GREEN APPLE の「ライラック」とか……。「晩餐歌」「ライラック」みたいに一般的に曲名って短いですよね。でも、チエさんの頭をちょっと混乱させるかもしれませんが、そうじゃない場合もあるんです。こんなヒット曲もありましたよね。

「愛のままにわがままに 僕は君だけを傷つけない」B'z

「あの娘ぼくがロングシュート決めたらどんな顔するだろう」岡村靖幸

「恋しさと せつなさと 心強さと」篠原涼子 with t.komuro

チエ 知ってる！ 90年代の曲だよね！

メイメイ 本のタイトルだと、『もし高校野球の女子マネージャーがドラッカーの『マネジメント』を読んだら』（ダイヤモンド社）なんて、もはや一息に言えないようなものもありますね。

この本は人気になり、タイトルは「もしドラ」と省略されて言葉が広がっていきましたね。

チエ そっか、長くても言いやすいように短い言葉に自然と省略されていくわけね。

メイメイ 最初からそこまで見越して、あえて長いタイトルをつけることもあるでしょう。

人気があるものは愛着も込めて短い言葉になっていきますよね。

例えば、木村拓哉さんはなんと呼ばれていますか？

チエ　キムタク？

メイメイ　そう、「キムタク」と呼ばれることで、さらに人気が国民的になりました。天才ギタリストのジミ・ヘンドリックスは「ジミヘン」といわれることで、音楽に詳しくない人にも広く知られている存在じゃないですか？

チエ　そう考えると省略された短い言葉って多いね。

メイメイ　さらにこれは、タイトルや人名だけではないですよね。もともとはインターネット界隈で使われていて、いまでは日常会話でも使われるようになった「オワコン」という言葉がありますが、もともとの意味はなんだかわかりますか？

チエ　よく聞くよね。「あの業界はもうオワコンだぞ」なんてね。

「終わったコンテンツ」の略？

メイメイ　そうですね。流行が過ぎた、人気がなくなったものに対して使われますね。

「あのゲームは、終わったコンテンツだぞ」なんてあまり言いませんが、「あのゲームは、オワコン」なら言いやすいですよね。

チエ　**短い言葉は、使いやすい！**

メイメイ　そうそう。長い言葉でも、伝えるときには短くなることが多いわけです。

チエ 確かにその方が扱いやすいし、浸透しやすいし、覚えやすいね。

メイメイ だから、コピーライターは「短いことは正義だ」と教え込まれます。社会に流通する力がつくからです。

キャッチコピーでも短いものだと、

「生きろ。」 **（もののけ姫）**

「別ヨ」 **（ANA's別冊ヨーロッパ／全日本空輸）**

といった名作キャッチコピーがあります。

インパクトはありながら、短いからこそ瞬時に伝わる。やっぱり、「コトバ・イズ・マネー」はここでも生きてくるんです。

雑誌の特集タイトルも、書店やコンビニに並んでいるたくさんの雑誌の中でパッと見で興味を引くために短さは重視されていますよ。**タイトルや見出しは「20文字以内」**といわれることもあるくらいです。

チエ　ほー、20文字以内！　そんなに短くても特集している内容がイメージできるものなのかな？

メイメイ　ちょっと何冊か持ってきますね。

……ほら、どうでしょう。

「すごいベンチャー100」（11文字）
（週刊東洋経済　2024年9月21・28日合併号）

「めいっぱい楽しみたい！　秋の恋活服」（16文字）
（CLASSY. 2024年11月号）

「恥をかかない大人のマナー」（12文字）
（プレジデント　2024年10月4日号）

チエさんもよく見ると思いますが、Yahoo! ニュースのトピックスは「記事内容を正確に理解できる見出しか」という点から現在では最大15・5文字になっています。

チエ 短い文字数に決まっているんだ。

メイメイ さっと見て、すぐにわかる言葉の長さの1つの指標にしてみてください。ちょっと練習してみましょう。Instagramについて書かれた次の文章をいくつかの短い文に分けて整理してみてください。

若い女性を中心に爆発的な人気を集めるInstagramは、視覚的に美しい写真や動画を共有できることが大きな魅力です。ストーリーズやリール機能を通じた手軽な自己表現や、インフルエンサーマーケティングの発展が、若者たちのライフスタイルに深く根付いています。トレンドの発信源として、ファッションや美容の情報収集に役立つだけでなく、友人とのコミュニケーションツールとしても利用されており、現代の若者たちにとって欠かせない存在となっています。

チエ うーん、なんかいろいろ書かれているけど、こういう感じかな？

Instagramは、
- 若い女性を中心に人気を集めている。
- ストーリーズやリール機能で、手軽に自己表現が楽しめる。
- トレンドの発信源として、ファッションや美容の情報収集に役立つ。

メイメイ チエさん、いいですね！
こうして文章を短いワンセンテンスごとに区切ることで、わかりやすくなりますよね。

チエ 確かに短い方が覚えやすいし、ひたすら一文が続く文章より句点で区切った文章の方が、読み手の負担を減らしてくれるよね。

メイメイ この勢いで、会議で提案するセット割のネーミングとキャッチコピーも短くしてみましょう！

チエ よーっし！　こんな感じでどうだ！

ネーミング：ハッピーコーデ割
キャッチコピー：友達とのペアコーデも楽しめる！
2着目50％ＯＦＦ

POINT

使いやすい、伝えやすいのは、短い言葉。

どんな言葉でも「相手ファースト」が超鉄則

メイメイ

自分の考えや気持ちを伝えることは大切ですが、それ以上に相手がそれをどう受け止め、その後、どう行動を変えるかが重要だ、という話を1章からしてきました。

「上を向いて歩こう」などの作詞家として、多くの名曲を世に送り出した永六輔さんは、

伝える努力よりも、伝わる努力をしなさい。

と言っています。

伝わる努力がなされたものが、「相手の行動を変える言葉」として機能してい

くんです。

では、いまから意識するだけで伝え方が劇的によくなる「3つの秘訣」を伝授します。

チエ

3つの秘訣ってなんだかすごそう！

でも、そんなに簡単じゃないんでしょう……？

メイメイ

いえいえ、伝え方で意識すべきことって、大きく分けると本当にこの3つだけなんですよ。

①相手ファースト

②シンプル&具体的

③流れと組立

チエ

ってことは、これをどれか1つ意識すればいいってこと？

メイメイ

3つすべてを意識してもらえたら完璧ですね！　そうじゃないと伝わる言葉が未完成というか、どこか弱いままの言葉になってしまう可能性が高いんです。

1つずつに実践しやすいテクニックがありますから、まずは「相手ファースト」から習得していきましょう!

チエさん、先ほど2着購入を促すポスターのキャッチコピーを考えるときに「お客さんのメリット」を最初に聞きましたよね。

なぜ、お客さんのメリットから確認したか、わかりますか?

チエ うーん、私の頭の中を整理してくれているんだなとは思ったけど、メイメイがメリットから聞いてきた理由までは……。

メイメイ **お客さん(メッセージの受け手)にとって、「どういいか」を考えて言ってあげる必要があるから、最初に確認したんです。**

チエ 相手のことを考えるってことね。

メイメイ 「届けたい理想的な相手はどんな人か」を考えることが大事なんです。例えば、私がチエさんを食事に誘うとしましょう。そのとき、私はチエさんが好きなお店や喜びそうな食事は何かをまず考えますよね。

チエ そうね、私が好きな料理とかお店だったら、「私のことよくわかってくれていて、ありがとう!」って思って、すぐOK出しそう!

メイメイ　そうです。だから、**どんな言葉を伝えるときでも相手ファーストで考える。**
そんなときに使える相手ファーストで伝える極意が3つあります。1つずつ見ていきましょう。

スイスイ伝わる極意①　聞き手と立場を【交代】する

メイメイ　前に考えたキャッチコピーの「友達とのペアコーデも楽しめる！　2着目50％OFF」の話に戻りますね。チエさんは、お店側の都合として「お客さんに1着といわず、2着目の洋服も買ってほしい」と考えていましたよね。これをそのまま伝えたら、ただの「お店側の都合」にしかならないわけです。

チエ　自分が言いたい言葉をそのまま言うだけじゃダメってこと？

メイメイ　そうです、相手が聞きたいと思いそうなことを相手になり代わって考えてみましょう。

友達とのペアコーデも楽しめる！　2着目50％OFF

これがチエさんが考えたキャッチコピーでしたよね。お客さんに「2着目から50%」という相手のメリットを提示できていたので、これはマルですね。

ちょっとだけ別の例で考えてみましょうか。仕事終わりでクタクタになって帰宅したときを想像してください。そんなときに玄関先でお母さんから「おかえり。早くお風呂入りなさい！」って一方的に言われたら、どう感じますか？

チエ 「ちょっと待ってよ。一旦落ち着いてからご飯食べたい」って思うかも。

メイメイ そうですよね。これは「お母さんの都合」だけで伝えられたものだから、二人の気持ちが離れてしまっているわけです。

でも、聞き手であるチエさんになり代わって立場を「交代」してみたら、お母さんはこんなふうに言ってくれそうじゃないですか？

「おかえり。仕事で疲れているでしょう。お風呂に入ったら？　それとも先に、ご飯にする？」

チエ これならねぎらいもされていて、お風呂かご飯かを私が選べるようになっていて嬉しい！

スイスイ伝わる極意②

【目的】は何？

メイメイ さて、せっかく考えてもらった「友達とのペアコーデも楽しめる！ 2着目50%OFF」のキャッチコピーですが、お客さんってそもそも友達とのペアコーデを楽しみたいんですかね？

チエ ん？ 楽しみたい人もいるかと思うけど……。

メイメイ じゃあ、街で頻繁にペアコーデしている人を見かけたり、ペアコーデがすごく流行っている情報を見聞きしますか？

チエ ……あっ、そっか！ 「そうしてくれたら嬉しい」ってお店側の望みを書いちゃっていたわけね。

メイメイ そうです。「友達とペアコーデを楽しみたい」と考える人もいるでしょうが、割合としては少ない気がします。大勢に向けて発信するものは、よっぽど限定する必要がある場合をのぞいて、一部の人に絞らず多くの人に当てはまる内容にしておいた方が無難でしょうね。

チエ 相手ファーストで考えて、「その言葉を伝える目的は何か？」「相手が喜ぶポイントやメリットはどこか?」」、この視点を忘れちゃいけないんだ!

メイメイ とはいえ、チエさんが伝えたい目的も大切ですよ。今回の場合は、お客さんに2着セットで買ってもらい、お店の売り上げに貢献すること。ペアコーデをする人自体がそもそも少なければ、目的を達成することはできません。

チエ そうか。売れなかったら、意味ないよね。

メイメイ 目的となる課題自体をしっかり捉えないと、的外れなキャッチコピーになってしまいますから、注意が必要ですね。

チエ チエさん、P&Gという会社はご存じですか。

オムツとか洗剤とか化粧品とかを作っている会社だよね。

メイメイ パンパースやファブリーズなどの製品で知られる世界最大の消費財メーカーのP&Gは、「社員の能力世界No.1企業」といわれています。元P&G社員の杉浦里多さんは『1年で成果を出すP&G式10の習慣』(祥伝社)の中で、**P&Gでは何をするにもまず初めに「目的は?」と聞かれる、と言っています。**

チエ 目的かー。確かに目的をいつも意識していたら、ぶれずにゴールに向かって進めるものね。

メイメイ　何か行動を起こそうとするならば、常にその質問に答えられるように「目的」をはっきりさせておかないといけない。これはあらゆることにつながる大事な視点です。チエさんも結果を出し続けるために、肝に銘じておいてください。

スイスイ伝わる極意③　あなただけに【限定】する

メイメイ　伝え方の極意3つ目は「限定」です。ハーゲンダッツで「期間限定　ほうじ茶黒みつ」といったような限定フレーバーってありませんか?

チエ　あるある。おいしいやつね。

メイメイ　あれも「期間限定」とつけることで「今すぐ手に入れてくださいね」「次はあるかわかりませんよ」ってメッセージになっていたりするわけです。

チエ　そんな仕掛けがあったのか。

メイメイ　**あとは、「あなただけに」という限定。**

チエ　タイムセールもそう?

メイメイ　よく気づきましたね。例えば、「17時までにお店に来てくれたお客さん」と限定することで、一部のお客さんをVIP化しながら購買意識を高めているわけです。

チエ 「毎月○日はお客様感謝デー」というのも、限定かな？

メイメイ そうですね、365日ある中で毎月特定の日にフォーカスすることで、その日に購入してもらえるように後押しをする限定ですね。

チエ **メッセージを届ける相手を絞るのも限定の一種です。** かつてアメリカの大手IT企業が優秀な社員を採用するために、一般の人には解けないような問題を掲出した看板広告がありました。その広告に記載されていた文言が、こちらです。

{first 10-digit prime found in consecutive digits of e}.com

この難解な問題を解けた人だけが、採用サイトにたどり着くことができたんです。採用サイトにはさらに問題があり、その問題を解いたところではじめてその企業の人材募集だったことが明かされるという仕組みです。

チエ 挑戦状みたいね。わかる人にだけわかればいいというのが「限定」ってことなのかな。

メイメイ 後日談として、この広告は話題にはなりましたが、実際に優秀な人の採用にはつながらなかったそうです。

チエ 世の中、なかなかうまくいかないものね。

メイメイ しかし、「大手IT企業＝優秀な社員が働いている企業」とアピールする広告としてはすごく貢献したんじゃないでしょうかね。
こういった考え方を伝え方のベースにしていると、受け手に興味を持ってもらいやすくなるわけなんです。

POINT

相手のことを思って、時にはその人を〝えこひいき〟してあげる。

「シンプル＆具体的」言葉は少なく、映像を届ける

スイスイ伝わる極意④　言いたいことは【1つ】だけ

チエ　来週の会議までに、来季のhanagaraブランドの商品戦略について企画書にまとめて発表しないといけないの。メイメイどうしよう？

メイメイ　チエさん、企画書を会議で発表したことありますか。

チエ　にゃーい！　超苦手。ちょっと作ってみたんだけど、見てみて。

メイメイ　こ、これは……通称「文字文字くん」じゃないですか！

チエ　なにそれ？

メイメイ　言葉がぎっしりで、見る気がしないってことです。

チエ　がーん！

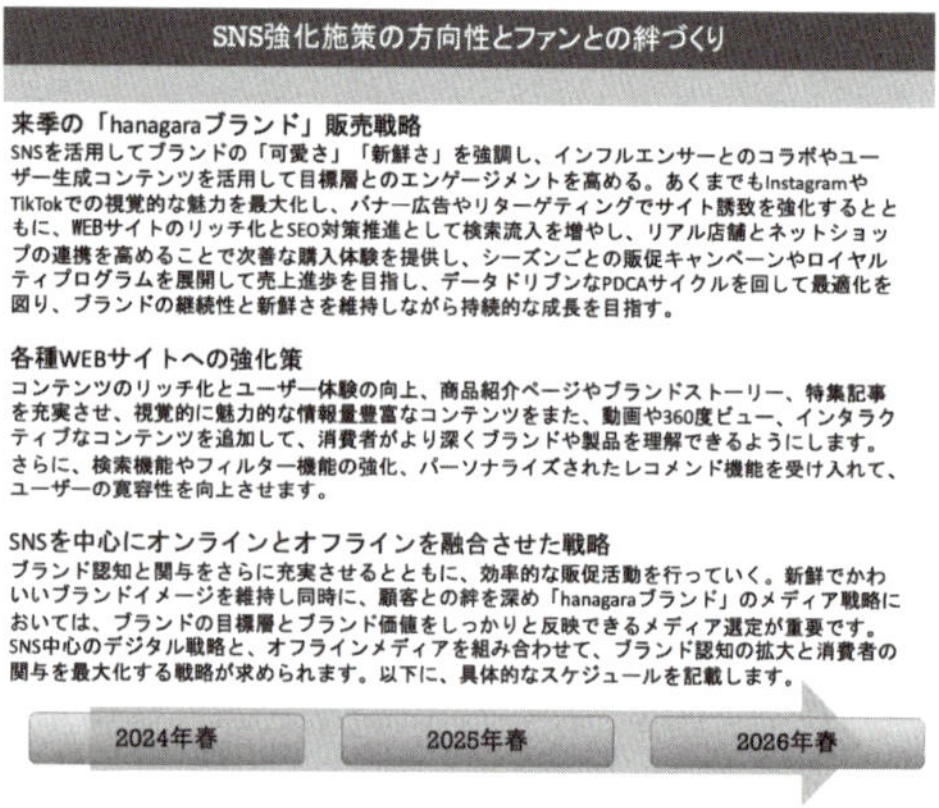
SNS強化施策の方向性とファンとの絆づくり
来季の「hanagaraブランド」販売戦略
SNSを活用してブランドの「可愛さ」「新鮮さ」を強調し、インフルエンサーとのコラボやユーザー生成コンテンツを活用して目標層とのエンゲージメントを高める。あくまでもInstagramやTikTokでの視覚的な魅力を最大化し、バナー広告やリターゲティングでサイト誘致を強化するとともに、WEBサイトのリッチ化とSEO対策推進として検索流入を増やし、リアル店舗とネットショップの連携を高めることで次善な購入体験を提供し、シーズンごとの販促キャンペーンやロイヤルティプログラムを展開して売上進歩を目指し、データドリブンなPDCAサイクルを回して最適化を図り、ブランドの継続性と新鮮さを維持しながら持続的な成長を目指す。
各種WEBサイトへの強化策
コンテンツのリッチ化とユーザー体験の向上、商品紹介ページやブランドストーリー、特集記事を充実させ、視覚的に魅力的な情報量豊富なコンテンツをまた、動画や360度ビュー、インタラクティブなコンテンツを追加して、消費者がより深くブランドや製品を理解できるようにします。さらに、検索機能やフィルター機能の強化、パーソナライズされたレコメンド機能を受け入れて、ユーザーの寛容性を向上させます。
SNSを中心にオンラインとオフラインを融合させた戦略
ブランド認知と関与をさらに充実させるとともに、効率的な販促活動を行っていく。新鮮でかわいいブランドイメージを維持し同時に、顧客との絆を深め「hanagaraブランド」のメディア戦略においては、ブランドの目標層とブランド価値をしっかりと反映できるメディア選定が重要です。SNS中心のデジタル戦略と、オフラインメディアを組み合わせて、ブランド認知の拡大と消費者の関与を最大化する戦略が求められます。以下に、具体的なスケジュールを記載します。
2024年春
2025年春
2026年春

メイメイ

企画書もそうですが、**どれだけ削るか、シンプルにできるかが勝負**なんです。メッセージを出す側は、多くのことを伝えたいと思って、つい「あれもこれも」と長くなってしまいがちです。チエさんの洋服のブランドだったら、洋服の素材、デザインの特徴、バリエーション、着まわし、値段など、あれもこれもと言いたくなる。

チエ

そうね。1つになんて絞れないよ……。

メイメイ

作っている側は魅力をたくさん知っているから、ついたくさん情報を入れてしまうのですが、悲しいかな、絞らないと相手には伝わらないものなのですよ。

例えば自己紹介で、チエさんがこう言ったとしましょう。

私は漫画好きで、中学時代は軟式テニスをしていました。
でも、高校では実は軽音楽部に入ってバンドをやっていました。
チョコレートに目がなく、アイドルよりもアニメキャラに萌える
社会人2年目です。

こんなふうに言われても、「結局どんな人なの？」って思いませんか？　いろいろと連射される言葉って、結局何も残らないものなんです。

そんなときに大事なことは、**他の人の視点を持つこと**です。コピーライターは自分で書いたコピーをチェックするとき、すごく厳しいお客さんになった目で見るんですよ。

「一番嫌いなアイツが読んだら、どう反応するだろう」って視点でチェックすると、「ううぅ……」と唸る気づきがあったりしますね。

資料の鉄則は、1シートに1メッセージ。企画書には、あれこれゴチャゴチャ書かない。テレビCMでも15秒で伝えたいことは1メッセージに。一気に多くのことは伝わらないので、レモンサワーに入れるレモン果汁くらい、力を込めてギュギュッと搾りましょう。いや、絞りましょう。

チエ　レモンサワーって……あなた猫でしょ？

メイメイ　そこはイメージの話ですよ。

チエ　短く、シンプルにするのね。それって、一度書いてから削るってこと？

メイメイ　そうです。一旦書いて短く削ればいいのです。

言いたいことを1つに絞った成功事例をご紹介しましょう。

近年、高級トースターが人気です。メーカーではバルミューダが有名ですが、パナソニックも「ビストロ」という製品で高級トースター市場に遅れて参入したんです。

当初は「何でもできるコンパクトなオーブン」というコンセプトで打ち出したものの、結果はいまいちでした。そこで、お客さんのニーズをあらためて探りました。その中で、「冷凍パンも厚切りパンもおいしく焼ける」という商品の強みに気づいたのです。**数ある機能の中でも、この点に絞った戦略がヒットにつながり、売り上げは2倍になったそうです。**

チエ

「なんでもできます！」より、「これが得意です！」って具合に一点に絞ってアピールした方が振り向いてもらいやすいんだ！

さっきの自己紹介も「私はアニメキャラに萌える」より、「私はとにかく星のカービィが好きで、あらゆるグッズを買っています」みたいにどんなキャラが好きなのか、固有名詞を出しながら話した方が印象に残るかな？

メイメイ

チエさん、その調子です！

チエ 他に、名前にインパクトを持たせて成功した例をご紹介しましょう。

「鼻セレブ」というティッシュペーパーはご存じですか？

メイメイ とっても肌触りの優しいティッシュだよね。私、花粉症だから鼻セレブは手放せない！

チエ もともとは「ネピア モイスチャーティシュ」という名称で発売されたんです。しっとりとした使い心地で人気を得ましたが、当時は保湿ティッシュの存在自体が珍しく、新しいお客さんの獲得に苦労したそうです。

メイメイ 鼻セレブってモイスチャーティシュって名前だったんだ！　なんとなく、保湿されたティッシュってわかるような気もするけど、使ってみないとよくわからないよね。

チエ そこで、「鼻」というインパクトのある漢字と、高級感を表す「セレブ」を合わせて「鼻セレブ」に改名。ネーミングとデザインを思い切って変えたことで、売り上げはなんと、それまでの10倍に伸びたんですって。

お客さんに伝えたいことを**「訴求ポイント」**といいますが、そのどこに光を当てるかで、結果が大きく変わるんです。

スイスイ伝わる極意⑤

日本語という【素材】を使いこなす

メイメイ　鼻セレブは、漢字とカタカナの組み合わせでしたね。

元編集者でベストセラー作家の長倉顕太さんは、日本語表記で使う「ひらがな」「カタカナ」「漢字」「数字」の4種類を意識的にセレクトすることを**ワーディング**という言い方で表現されています。

パッと見たときに、すっと読めるか、目に入るか、認識できるかといった全体のバランスを意識することはとても重要なことなんです。

チエ　なんとなくだけど、広告のコピーってカタカナが多い気がする。

メイメイ　カタカナは、曲線の多いひらがなに比べて直線が多くて、メリハリが利くんですよね。

普段は「パソコン」や「ファッション」など、外国語を日本語化するためにカタカナを使用しますよね。カタカナ表記にするとリズム感が生まれるので、チエさんが言うように、キャッチコピーでカタカナ表記にして、目立たせることもありますね。

ココロとカラダ、にんげんのぜんぶ

（オリンパス）

こちらはクリエイティブディレクター・コピーライターの山本高史さんが書かれたオリンパスの企業フレーズです（現在は使用されていません）。

通常は「にんげん」は漢字にしてしまいそうです。そこで、漢字やカタカナ、ひらがなの比率を変えてみました。よく見比べてみてください。ひらがなって美しくないですか？

心と体、人間のぜんぶ
心と体、ニンゲンのぜんぶ
心と体、ニンゲンの全部

こうして並べてみると、日本語として音は全く同じですが、見た目の印象が異なっていますよね。

チエ　ほんと、このコピーはカタカナとひらがなのバランスが美しい感じがする！

人間まるだし。

（全裸監督／Netflix）

メイメイ　こちらも、ニンゲン丸出し、ニンゲンマルダシ、にんげん丸出し、にんげんマルダシといろいろな可能性がある中で、「まるだし」というひらがな4文字を使っているのでインパクトが生まれています。

チエ　漢字やカタカナより、ひらがなの方が柔らかい感じがする！

メイメイ　「ひらがな」「カタカナ」「漢字」の文字をビジュアルとして捉えると、一般的に画数が多い「漢字」より「ひらがな」の方が柔らかい印象を与えます。
さらに、カタカナには単なる文字にとどまらない「意味」を加えることができます。例えば、広島をヒロシマ、長崎をナガサキと書くときは被爆地として世界へ発信するときに使う表記になることもあるんです。

スイスイ伝わる極意⑥　【パワーワード】でゆさぶれ

チエ　文字を削って短くして、1文字で情報や情熱を込める。そこにもテクニックがあるのかしら？

メイメイ　例えば、こんな言葉はどうですか？

死ぬほど、生きろ。

チエ　わっ、圧がすごい！

メイメイ　強い言葉とはどういう言葉なのか？　普通の言葉を強くする方法についてお伝えしましょう。

強い言葉はシンプルです。1章でもお伝えしたように断定系の「だ」をつける。他にも文末に「！」をつけるといったテクニックもありますけど、言葉の前に何をつけるかによっても印象は変えられますよ。

例えば、**「ザ」をつける。**「ザ（THE）」は英語の定冠詞で、日本語に直訳すると「その」や「あの」といった意味になりますよね。「ザ」をつけると、その世界で唯一無二の感じを演出できます。身近な商品やお店でも、「ザ」をうまく使っている例がありますよ。

ザ・プレミアム・モルツ

「プレモル」の愛称で慕われる商品。ビールの中でも特に上質なものを指し、特別な味わいを提供することを謳《うた》っています。

ザ・リッツ・カールトン

世界的に有名な高級ホテルブランドで、「ザ」がつくことで格調の高さを感じさせます。

ザボディショップ

自然由来の化粧品を扱うブランドで、「ボディ」に特化していることを明確にしています。

チエ

「ザ」がつくと、その商品の代表選手みたいな感じになるね。

メイメイ　他にも、**「超」「神」「鬼」「激」をつけても言葉は強くなります。**超人、超絶テクニック、超難解。神ワザ、神ってる。鬼ムズなど、いずれも強いインパクトを与えますよね。

チエ　強調する意味を1字で表現できる日本語って、便利だね。

メイメイ　いいところに気づきましたね。漢字1文字でも十分な情報量がありますよね。

スイスイ伝わる極意⑦ その言葉は【ビジュアル】になるか

メイメイ　チエさんが伝えたい言葉って、「映像」になっていますか？

チエ　それって映える！　みたいなこと？

メイメイ　うーん、ちょっと違いますね。最近よく言われる「映える」は、写真や動画を撮ったときの見栄えのよさを表している言葉ですよね。**「映像が浮かぶ言葉」とは、読んだ人の頭の中にビジュアルが浮かぶってことです。**「今日、飲みに行かない？」よりも、「今日、牡蠣のおいしい店でビールでもどう？」って言われた方が、頭の中に映像が浮かびませんか？

チエ　さっきのレモンサワーといい、牡蠣といい、メイメイってグルメ猫？

メイメイ 相手の頭に映像が浮かぶと、一気に実現度が増すので、デートに誘うときなんかにも使ってみたらどうでしょうか。

チエ デートのことまで気が回るなんて、やっぱりグルメ猫だ！

メイメイ ふざけてないで、伝え方の話に戻しますよ。例えば、こんなキャッチコピーがあります。

試着室で思い出したら、本気の恋だと思う。

（ルミネ）

チエ これ、「わかるわー」って感じする。試着室でふと好きな人のこと考えちゃっている映像が浮かぶもん。

メイメイ それでは、こんな言い方だったらどうですか？

素敵な服を買おうとしているあなたは、今、恋をしています。

チエ うーん、これは……なんか画が浮かばないね……。こんな言われ方したら、

メイメイ

「決めつけないで」って感じもするし。

言いたいことを一方的に言ってしまっていて、受け手が心地よくないですよね。

いちばん悲しいはずの人が、いちばん忙しいお葬式は悲しい。

（村田葬儀社）

駅に着いた列車から、高校生の私が降りてきた。

（青春18きっぷ／JRグループ）

こどもといっしょにどこいこう。

（ステップ　ワゴン／本田技研工業）

チエ

これらのコピーを読むと、そのシーンや登場人物が目に浮かびませんか？

確かに、それぞれに物語を感じられる！　映画を観ているような感覚すら覚えるね。

メイメイ このように映像が浮かぶと、ストーリーに読者が没入できるので、共感度も増していくというわけです。

チエ 短いコピーでも相手の頭に映像が作れるって、やっぱり言葉ってすごい!

メイメイ いよいよ次は、伝え方の秘訣の3つ目「流れと組立」を見てみましょう。

POINT

伝わる言葉は短く、相手の頭に映像が浮かぶもの。

順番を操り、印象を変える「流れと組立」

スイスイ伝わる極意⑧

【サビ頭】結論から話す

メイメイ　ところでチエさんは、飲み会では「とりあえずビール派」ですかね。

チエ　1杯目の注文だよね。最近は、ハイボールにすることも多いかな。

メイメイ　では、大勢の社員が集まる会社の飲み会で「いきなりシャンディガフ」って人がいたらどうですか？

チエ　いきなりシャンディガフを注文する人はよっぽどシャンディガフが好きなんでしょうね。だいたいの人がビールとかハイボールとかソフトドリンクだから、ちょっと目立つよね。

メイメイ　いきなりシャンディガフと同じで、伝え方でも想定外のことをいきなり言われると印象が強くなります。「**サビ頭**」ってわかりますか？

チエ　なんだろう、聞いたことあるような、ないような……。サビって曲のいいところのこと？

メイメイ　そのサビで合ってますよ。サビ頭は、楽曲の冒頭がサビのメロディーで始まる曲構成のことです。曲って、通常はイントロから始まって、Aメロ、Bメロ、それでサビという構成が一般的ですよね。ところが、最もキャッチーなメロディーであるサビからいきなり始まることでインパクトが強くなり、聴く人の心を掴みやすく、記憶にも残りやすくなるわけです。

チエ　90年代に数多くのヒット曲を世に送り出した小室哲哉さんの楽曲などは、よくこの「サビ頭」を採用されていましたね。

チエ　ああ、安室奈美恵さんの曲を思い出したら、サビ頭、あったあった。

メイメイ　何かを伝えたいときにも、この「サビ頭」は応用できるわけです。

チエ　メイメイ、今回はすぐにわかっちゃった。いきなり言いたいことを言うわけね。シャンディガフッ！

メイメイ　チ、チエさん、それは違いますよ。ただ言えばいいってことじゃないです。

サビは最も盛り上がるパートですよね。つまり、聴く人が一番聴きたい部分です。**伝えるときにも、こちらが言いたいことを一方的に言うのではなく、相手が最も聞きたい部分を提示することが大事なんです。**

チエ　相手が聞きたい部分？

メイメイ　そうです。前にもお伝えした「相手ファースト」ですね。その上で、一番伝えたい部分を提示するんです。

チエ　一番伝えたい部分⁉

メイメイ　内容のクライマックスですね。いわゆる「結論」です！
でも、順番をすっ飛ばしているので、その結論を提示した後には、なぜなのか理由を話して納得してもらうことが大事です。

チエ　まあ確かに、その方がわかりやすいかもね。前に先輩から「結論からしゃべって」って怒られたことあるな。

メイメイ　みなさん忙しいですからね。ビジネスパーソンのビジネスってbusy（忙しい）が由来なくらいですし。
チエさんもお友達と話していて、結局どうしたいのか、わからないことはないですか。

チエ 友達ではあまりないけど、後輩の報告で「で、どういうことだろう？」って考えちゃうことはあったわね。

メイメイ どちらに話が進むか見えないんですよね。こんなふうに上司の方から言われたことはないですか？「つまり何が言いたいの？」「ちゃんと整理してから話して」なんて言葉ですね。

チエ あるある（笑）。「話が見えない！」って言われたこともある。

メイメイ **「結論＋なぜなら」で話の流れを作るのが、伝え方の極意【サビ頭】なんです。**「最初に言わせてください」や、「結論から言います！」と前置きをすると、サビ頭がすぐできますよ。

チエ 前置きに、結論や理由か。

メイメイ そうです。その後に「なぜなら」と続けていくと、聞いている方は話がわかりやすいと感じるでしょう。

スイスイ伝わる極意⑨ 【単刀直入】お願い土下座作戦

メイメイ サビ頭のようにいきなり注目を集める方法をもう1つお伝えしておきましょう。

チエ なになに？

メイメイ （頭を床につけながら）「チエさん、突然ですが、お願いがあるんです！」

チエ ど、どしたの？

メイメイ みたいな感じです（笑）。**何かを依頼する、あるいはお願いするならいきなり土下座から入る。**大事なことを単刀直入に言う。切り込んでいく感じですね。

チエ 聞いている方はびっくりするね……。

メイメイ でもまあ、これは頻繁にやると信用を失くします。頻発していたらオオカミ少年になって誰からも信用されなくなりますから、「ここぞ！」ってときに限って使ってくださいね。

チエ そうだよね。毎回「お願い！　お金貸して」って言ってくる友達とか彼氏がいたら絶対嫌だわ！

メイメイ この本の冒頭でもお伝えした三楽（現在のメルシャン）のオーシャンホワイトというウイスキーの広告はまさに、チャーミングだから許せたのでしょうね。

一度でいいから、飲んでくれ。
一生のお願い。
一度と言わずに、飲んでくれ。

チエ どこかかわいげがあって、「そこまで言うなら一度くらい……」って印象になっているね。

スイスイ伝わる極意⑩ 真逆の【ギャップ】で大爆発

メイメイ 冒頭にサビがきたり、土下座で意表を突かれたりすると、びっくりしましたよね。

チエ そうね、家の前でバクチクでも爆発したような。

メイメイ ははは っ、家の前ですか。冒頭ではなく、話の途中の言葉でもバクチクを爆発させる方法もありますよ。

それは、**真逆をかけ合わせて化学反応を起こす**ことです。一見反対に感じるものをくっつけてみるんです。

チエ　ではチエさん、ここからは妄想力を働かせて考えてみてください。全く逆の意味や言葉を合体させてみましょう。

メイメイ　なんだろう。お安いのに、高級なスイーツ？

チエ　ふふふっ。そんな感じで、自由に続けてみましょう。

メイメイ　めちゃくちゃオタクだけど、すごいスポーツマン！　みたいな？

チエ　うーん、画が想像できないですね。

メイメイ　清楚な超ギャル。

チエ　もっと想像できないですね。

メイメイ　電話のない電話ボックス！

　メイメイなんだか切ないですね。名作キャッチコピーをお手本にしてみましょうか。

このろくでもない、すばらしき世界

（缶コーヒーBOSS／サントリー）

一瞬も一生も美しく
（資生堂 ※2005〜2019年にコーポレートメッセージとして発信）

チエ おーっ、名キャッチコピーは、爆発力が格段に違うね！

メイメイ ろくでもない⇅すばらしい、一瞬⇅一生のように真逆の言葉がきれいに組み合わさっていますよね。

チエ 私の例文と名作コピーの違いってなんだろう？

メイメイ そこですよね。名作コピーには、人間の生きている時間や息遣いみたいなものを感じられませんか。

そのコピーを読むことで、ふと「自分もそうかもしれない」と感じたり、共感したりできるスイッチが入るかどうか。「そうだよな」って膝をポンと打ちたくなる感じがあるかどうか。チエさんの例文には、それが足りないのでしょうね。

スイスイ伝わる極意⑥の「【パワーワード】でゆさぶれ」でもお話ししましたが、**人は意外なものや見たことないものに反応する生き物**なのですよ。どこにでもいる一般的な人が普通のことをして、それを見たいと思う人ってそうたくさんいるでしょうか？

チエ まあ、そうね。やっぱりテレビに出ているタレントさんはものすごくカッコよかったり、何かに秀でていたりするものね。

メイメイ 例えば、マツコ・デラックスさん。今ではたくさんのテレビ番組に出演されてお馴染みですが、初めてマツコさんを見たときって、そのキャラクター性にびっくりしませんでしたか？

チエ マツコさんって毒舌なんだけど、どこか優しいというか……。マツコさんがテレビで活躍する前って、毒舌の人はいたけど、マツコさんみたいに優しさや懐の深さを感じる人って少なかったかも。

メイメイ そういうことなんですよ。みんな見たことのないものや想像を超えるものに反応して、首ったけになるわけです。

チエ だから、真逆のものを組み合わせたギャップによる爆発も、小爆発より大爆発の方がみんな首ったけになるということか！

メイメイ ギャップの距離感があればあるだけ強い表現になるということです。

チエ ねえ、そこをもっと具体的に教えてよ。意外性があるギャップの距離感っていうのはどうやったら作れるの？

メイメイ 例えば、「大きい」と「小さい」だと対比にはなっていますが、「大きさ」という意味では同じジャンルの言葉じゃないですか。

世界的にバズったピコ太郎さんのYouTube動画「ＰＰＡＰ（Pen-Pineapple-Apple-Pen）」を覚えていますか？　道具のペンと果実のパイナップル、アップルをドッキングして、意外性を爆発させていましたよね。

チエ 確かに、ペンとパイナップル、アップルなんて全然関係ないように思えるものが組み合わさったことが面白く感じたのかも！

メイメイ この掛け合わせ方式で爆発力を生む言葉、アーティスト名でも多いですよ。

例えば、Mr.Childrenはその代表格です。大人を表す「ミスター」と子どもを表す「チルドレン」を組み合わせたバンド名は、意外性を生み出す言葉ですね。

伝説のバンドTHE BLUE HEARTS解散後にメンバーの二人を中心に結成されたTHE HIGH-LOWSも、高い（HIGH）と低い（LOW）がまさに両極端の組み合わせでした。

近年では、BABYMETALという女性3人組メタル・ダンスユニットが世界で活躍の場を広げています。「ヘビーメタル」をもじったネーミングとされますが、赤ちゃん（BABY）とメタル（METAL）という一見全く結びつかないジャンルの組み合わせに意外性があります。アイドルとメタルが融合する新境地を開拓し、いまでは世界的な人気を誇っていますよね。

POINT

流れを強くして、一気に興味を引きつける。

興味を引き立てる スパイスワード3選

よ〜く考えた感を醸し出す【あえて】

メイメイ　ここまででチエさんの言語化、伝え方の力は劇的に伸びているはずですが、ダメ押しで興味を引き立てる「スパイスワード」をお伝えしましょう。
まずは、推したい商品の前に「あえて」という言葉を置いてみる。

チエ　どういうこと？　何が起きるの？

メイメイ　提案する内容に一瞬で説得力をつけるのです。**「スター化させる」**といいます。
提案内容を吟味し、熟考した感も醸し出せますね。例えばこんなふうに。

この冬は、あえて暖色系のオレンジのセーターを選ぶ。

チエ 「いろいろ考えた末に出た答えがオレンジなのか！」と思わせるということか。

メイメイ **「あえて」は深い理由があることが伝わり、説得力が爆上がりする「ひとことワード」なんです。**

あえて、朝食は何も食べません。

チエ なんていったら、食事に関してちょっとしたポリシーがありそう。

メイメイ 自信のない内容でも「あえて」という言葉をつけることで、正当化できたり、パワーアップして見せることができますよ。

あえて、完成度は高めておりません。

チエ わっ、なんか手抜きではないけど、まだ完成してないことが許されそうな感じ。

メイメイ ある種の主義主張を持っていることを伝え、意見を強くしてくれていますね。

VIP待遇にする【やっぱり】

メイメイ　今度は、推したい商品の前に「やっぱり」という言葉を置いてみます。レッドカーペットがサーッと敷かれて、その上を言葉が颯爽と歩いていく感じですね。

hanagaraブランドには、やっぱり田中チエ。

チエ　恥ずかしい！　けど、なんだか自信が湧いてくるなぁ。

メイメイ　**昔からあるものや、多くの人に知られている商品名に「やっぱり」をつけると、それは当たり前でも王道のすごいものとして認識してもらうことができます。**

やっぱり＋商品名は、実は広告では多用されている表現です。

やっぱりイナバ、100人乗っても、大丈夫
（イナバ物置／稲葉製作所）

やっぱこれだね～♪LOTTEのトッポ　（トッポ／ロッテ）

やっぱり、医薬品のリョウシンJV錠　（富山常備薬）

「やっぱり」と同じ機能をする言葉としては、「結局〇〇」「結論〇〇」といったものも使えます。

一気にひそひそ話にする【実は】

メイメイ　「実は」は、話の流れの中で、いままで明かしていなかった事実や、意外な事実を付け加えるときに使う言葉です。話の展開を面白くしたり、相手に興味を持ってもらったりする効果があります。

チエ　「ここだけの話」って、しょっちゅう会議で言っている部長さんがいたわ。そんな感じに近いかな。

メイメイ　そうですね、秘密をここにいるメンバーだけで共有した感じで、不思議な一体感が生まれていませんか？

全部のヨーグルトにビフィズス菌が入っているわけじゃない
ビフィズス菌は〝実は〟森永乳業
（森永乳業）

このキャッチコピーも「実は」で、その後の言葉を印象的にして強める働きが利いていますね。

POINT

小学生レベルの言葉だけで、言葉のスター化、VIP化は簡単にできる。

3章のまとめ

- 伝え方で意識するべきは、①相手ファースト、②シンプル&具体的、③流れと組立、の3つだけ。
- 聞き手の立場を考え、時には限定で〝えこひいき〟してあげる。
- 言いたいことは1つに絞り、「パワーワード」でゆさぶる。
- いきなり土下座したり、真逆をかけ合わせたりして予定調和を壊し、相手の反応を引き出す。
- 「あえて」「やっぱり」「実は」で言葉をスター化させる。

言語化の旅の果てに

チエ メイメイ、ありがとう。会議での発表うまくいったよ！

……あれ、メイメイ？　ちょっと返事してよ。いないの？

メイメイ チエさん、ここにいますよ。

チエ ここにいるって……声しか聞こえないんだけど……。

メイメイ どうやら、チエさんには卒業のときが来たようですね。

これまでの言語化の旅は、いかがでしたか。

チエ 卒業？　言語化の旅……？　もしかして、お別れってことなの？

メイメイ 最初の頃に比べて、ずいぶん成長しましたよね。まあ、まだ小学生レベルのままですがね。チエさん、私の名前ってなんでしたっけ？

チエ メイメイでしょ。

メイメイ はい、言語化猫のメイメイです。

私の名前には、3つの意味が込められています。メイメイとは言語化し、物事に名を与える「命名」、頭のモヤモヤを晴れやかにして次の行動につなげる「明々」、そして私は、一人一人の頭の中に存在している「銘々」だったんです。

チエ　頭の中に存在しているってことは、メイメイは実在しないの？

メイメイ　いいえ、姿は見えなくなってもチエさんの頭の中に、これからもずーっと居続けますよ。まあ、ちゅ～るを定期的にくれたらの条件付きですがね。私の姿がはっきりと見えるのは、言語化で苦労して心から困っている人間だけなんです。

その日を境にして、チエがいくら呼びかけてもメイメイはもう姿を現すことはなかった。

それから数週間後——

チエが商品企画でいいフレーズが浮かばずに会議室で行き詰まっていたときに、そっとささやく声がした。

「簡単な言葉で、大丈夫ですよ」

え？　メイメイなの？

「ここにも、そこにも、私はいます。
あなたが歓びに満ち溢れた朝の日差しにも。
あなたが悲しみに沈み込んだ海の底にも。
いつも、私はいます。
あなた自身を呼び覚ますのは、言葉。
あなた自身を奮い起こすのも、言葉。
言葉が見つかれば、次の行動が生まれます。
ありのままの言葉で、シンプルな言葉で、大丈夫ですから」

それが果たしてメイメイの声だったのか、チエ自身の声だったのかは、いまでもわからないという。

おわりに

ここまで読んでくださり、ありがとうございました。「言葉にするのが苦手」。本書を手に取ってくださった方の中には、そういう方も多いのではないかと思います。

ＳＮＳの普及により、誰もが自分の考えや感情を発信できるようになりました。自分の考えを明確に表現することが、ますます求められる時代になったといえます。

そんな時代だからこそ、モヤモヤをシンプルに解きほぐすような本があってもいいと思うのです。ゲームでたとえると、どんどんレベルを上げるのではなく、あえて下げる感じです。高度にしていくのではなく、できるだけ簡単にしたい。この思いが、本書のタイトルにある「小５レベル」につながっています。

言語化に関する本は数多く出版されていますが、ベストセラーであっても内容が難しく、頭に入ってこないことがあります。コピーライターとして、「これでいいのか」と軽く落ち込むこともありました。「言葉でうまく表現できない」と悩んでいる方にとっては、なおさら難しいことでしょう。「もっとカジュアルに読める初心者向けの言語化の本があればいいのに」と思ったことが本書を執筆するきっかけとなりました。

それともう1つ、本書を書こうと思ったきっかけは、妻の存在です。

妻は、普段はハキハキとしゃべれるのに、思考をまとめたり、それを人に伝えたりするのが大の苦手というのです。この妻の悩みを聞いてから周囲を注意深く観察すると、「この人、コミュ力高いな!」と感じさせるクライアントさんの中にも、妻と同じ苦手意識を持っている方が多くいらっしゃいました。本書がそんな言語化や伝え方について困っている人のお役に少しでも立てたら、これ以上の喜びはありません。

最後に、本書に関わっていただいたすべての方に感謝します。

特に出版のきっかけとなったThe Authors' Club(TAC)の長倉顕太さん、原田翔太さん、同期の仲間たち。編集者として高い視座から毎回アドバイスをくれたサンマーク出版の尾澤佑紀さんに心から感謝します。

これまで仕事でお世話になったクライアントの皆様、優秀な先輩・後輩ばかりの会社のメンバーには感謝しかありません。皆さんとの経験がなければ、本書は生まれませんでした。

また、この本の中で事例として取り上げさせていただき、コピーの掲載を快諾いただいた企業の皆様、それを生み出されたコピーライターの皆様に、深くお礼を申し上げます。

そして、執筆時間を捻出するために週末の家族の時間を削っても嫌な顔ひとつせず、いつも明るく送り出してくれた家族に感謝します。息子はいま小学校5年生。下の娘は、「作家」と「サッカー」を聞き間違えて、「パパはサッカー選手を目指すんだね、頑張って！」と本気で明るく応援してくれていました。いつも本当にありがとう。

手代木聡

参考文献

- 『その企画、もっと面白くできますよ。』中尾孝年（宣伝会議）
- 『伝える本。受け手を動かす言葉の技術。』山本高史（ダイヤモンド社）
- 『広告コピーってこう書くんだ！ 相談室（袋とじつき）』谷山雅計（宣伝会議）
- 『私、誰の人生もうらやましくないわ。児島令子コピー集め』児島令子（パイ インターナショナル）
- 『ものの見方検定――「最悪」は0.1秒で「最高」にできる！』ひすいこたろう（祥伝社）
- 『コピー年鑑』東京コピーライターズクラブ（宣伝会議）
- 『ステートメント宣言。』岡本欣也（宣伝会議）
- 『短いは正義 「60字1メッセージ」で結果が出る文章術』田口まこ（ダイヤモンド社）
- 『言葉からの自由 コピーライターの思考と視点』三島邦彦（宣伝会議）
- 『1年で成果を出すP&G式10の習慣 』杉浦里多（祥伝社）
- 福島哉香「パナが初めてインスタ広告を主軸に　CMなしでも売り上げ2倍！」日経クロストレンド2021-12<https://xtrend.nikkei.com/atcl/contents/18/00562/00002/>（参照2024-11-28）
- 安蔵靖志「バルミューダを超えた？　冷凍食パンに強い「ビストロ」初のトースター」日経クロストレンド2021-02<https://xtrend.nikkei.com/atcl/contents/18/00323/00011/>（参照2024-11-28）
- 『週刊女性』編集部「商品名を変えただけで売り上げ17倍！ すごいネーミングの秘密」週刊女性PRIME2017-12-31<https://www.jprime.jp/articles/-/11197?#goog_rewarded>（参照2024-12-16）
- 真島加代「鼻セレブやカレーメシも、「改名後」にヒットした商品たち」ダイヤモンド・オンライン2018-3-8<https://diamond.jp/articles/-/162582>（参照2024-12-16）

手代木聡（てしろぎ・そう）

株式会社電通西日本コピーライター／クリエイティブディレクター
1975年東京都生まれ、広島県在住。大学卒業後、Hondaの広告制作を手掛けるプロダクション「原宿サン・アド」に入社。ピーク時は深夜や明け方まで身を粉にしながら働き、それでも自分の企画がなかなか通らない20代の日々を過ごす。
ローカルの方が面白い仕事ができるのでは、と電通西日本の岡山支社に、31歳のときに転職。クリエイターの活発な交流の場がなかった岡山では、地元の広告制作者同士がつながる団体「岡山広告温泉」を創設。地元の街を巻き込んで、10年以上続くイベントとなる。これまでに企業や行政などさまざまな広告・商品開発・ブランディングを手掛ける。
表現をすることに憧れて就いたコピーライターという仕事は、実はクライアントの課題や見えない問題を可視化し、解決するための指針を立てることが醍醐味であるということに気づき、その能力を磨くうちに競合コンペでほぼ負け知らず、クライアントからは指名され続ける唯一無二のパートナーシップを築くようになる。本書が初の著書となる。

言いたいことは小5レベルの言葉でまとめる。

2025年1月10日　初版印刷
2025年1月20日　初版発行

著　者　手代木聡
発行人　黒川精一
発行所　株式会社サンマーク出版
〒169-0074　東京都新宿区北新宿2-21-1
電話　03-5348-7800
印刷　株式会社暁印刷
製本　株式会社若林製本工場

ISBN978-4-7631-4194-1　C0030
ホームページ　https://www.sunmark.co.jp
JASRAC 出 2401926-401